Stoa für Manager

Claus-Peter Seibt

Stoa für Manager

Campus Verlag
Frankfurt/New York

Die Deutsche Bibliothek – CIP-Einheitsaufnahme

Seibt, Claus-Peter:
Stoa für Manager / Claus-Peter Seibt. – Frankfurt (Main) ;
New York : Campus Verlag, 1992
ISBN 3-593-34624-9

Umschlaggestaltung: Atelier Warminski, Büdingen
Satz: L. Huhn, Maintal
Druck und Bindung: Offizin Andersen Nexö, Leipzig
Printed in Germany

Inhalt

Ein Vorschlag statt eines Vorworts

Jeder Mensch mit Management-Verantwortung, gleichgültig ob weiblich oder männlich, erlebt heute einen zunehmend hektischen Wechsel von Anklagen gegen ihn als Verursacher der Folgen seiner Leistung, von modisch wechselnden Ratschlägen für die nun endlich gefundenen Modelle, Methoden und Mätzchen und von stets abstrakter werdenden Landkarten der Unübersichtlichkeit für eine irgendwo und irgendwie vermutete Landschaft seiner Praxis im Irgendwas.

Dabei gelassen zu bleiben ist schwer; leichter wird das, wenn wir mit den großen Philosophien wieder das philosophische Staunen lernen. Besonders hilfreich können uns dabei die Erkenntnisse der Stoiker sein. Sie sagen uns nicht, was wir glauben sollten, vielmehr raten sie zu dem, was wir versuchen könnten, um gleichmütig zu leben: stets mit dem gleichen Mut das Ganze zu erkennen, im Ganzen geborgen zu sein, für das Ganze zu leisten und es damit auch in Freiheit zu gestalten.

Der Vorschlag der Stoiker ist eine Einladung zum Fest des Lebens und Leistens – zu Ihrem Fest.

Sieben Möglichkeiten, dieses Buch zu nutzen

Die Anregungen unserer drei großen Stoiker sind in sieben Kapitel gegliedert und innerhalb jeden Kapitels nach Zwischen-Überschriften, schließlich nach Stichworten. (Die Stichworte aller Kapitel sind jeweils gegliedert nach: Grundsätzliches · Bedingungen · Menschen · Prozesse · Handeln · Werte · Management.) Da die meisten Zitate verschiedene Hinweise enthalten, muß das jeweilige Stichwort zwangsläufig willkürlich sein. Die ganze Fülle aller Stichworte erschließt sich Ihnen durch das Stichwortregister.

1. Sie blättern und lesen nach Lust und Laune.
2. Sie lesen das Kapitel, das Sie aktuell am meisten interessiert.
3. Sie orientieren sich am Stichwortregister und erschließen sich damit deutliche Hinweise für Reden, Aufsätze, Konzepte.
4. Sie nutzen die Prüf-Listen zusätzlich zu all Ihrem Wissen und Können und gewinnen weitere Perspektiven, indem Sie – vorübergehend – dadurch einen stoischen Standpunkt einnehmen.
5. Sie schauen sich die Skizzen zur stoischen Strategie an, lassen sich anregen, ändern sie und kommen so zu weiteren Anregungen für sich oder andere.

6. Sie wählen ein Zitat willkürlich, zufällig aus und finden schöpferisch heraus, was diese Aussage mit der für Sie zur Zeit wichtigsten Situation, Entscheidung, Planung zu tun haben könnte.
7. Sie regen dasselbe an, wenn eine Gruppe zusammenarbeitet: Ein Mensch blättert, ein anderer sagt »Stopp«, ein weiterer, ob die linke oder rechte Seite gilt, ein letzter, das wievielte Zitat auf dieser Seite vorgelesen werden soll. Ein kurzes Brainstorming zu dieser Aussage lockert auf und regt an.

Sicherlich finden Sie selbst noch weitere Möglichkeiten, gelassen, gleichmütig, gelöst – also stoisch.

Kleine Geschichte einer großen Philosophie

Im antiken Athen waren vier Schulen der Philosophie besonders bedeutsam: der Peripatos des Aristoteles, die Akademie Platons, der Garten Epikurs und die Stoa. Der Name dieser Schule stammt von jener farbigen Halle in Athen, in der Zenon um 300 v. Chr. unterrichtete. Die Stoa poikile, eine Säulenhalle, war durch Polygnot, den bedeutenden Maler, mit Gemälden ausgestaltet worden. Zu den philosophischen Grundlagen Zenons gehörten die Erkenntnisse des Heraklit ebenso wie die des Sokrates, die der Kyniker und die des Aristoteles und dessen Schüler. Zenons Schüler und Freund Kleanthes führte die Schule fort, und insbesondere Chrysippos profilierte sie nach ihnen.

Nach dieser alten Stoa wurde die mittlere geprägt von Panaitios, der von 185 bis 110 v. Chr. lebte, und von Poseidonios, 135 bis 51 v. Chr. Ursprünglich scheint die Stoa eine Philosophie für das Volk gewesen zu sein, in der mittleren Phase wurde sie weltoffen und bald von der Aristokratie Roms aufgenommen. Von da an waren die Gebildeten Roms mit dem stoischen Denken vertraut.

Die späte Stoa ist uns durch die Schriften Senecas, Epiktets und Marc Aurels überliefert. Mit den großen Stoikern starb diese Philosophie nicht; wie in all der Zeit seither ist sie auch heute lebendig. Zu der aktuellen Diskussion, Entwicklung und

Anwendung des systemischen Denkens lassen sich beispielsweise direkte Parallelen aufzeigen.

Wie frühere Lehren auch ist die Stoa dreiteilig gegliedert: eine Theorie der Natur, eine der Ethik und resultierende Schlüsse für das richtige Verhalten des Menschen. Im Gegensatz zu früheren Schulen – sowohl zu der Platons als auch zu der des Aristoteles – sagten die Stoiker: Jeder Begriff ist nur abstrakt, nie aber die Realität selbst. Gegen das mechanistische Weltbild der Epikuräer setzten sie eine andere Idee: das Universum als Körper einer Weltseele und den Menschen als lebendig verbundenen Teil. Dieser Mensch als Teil eines Ganzen war für die Stoiker aber nicht zur Passivität verurteilt, sondern zum tätigen Eingreifen aufgerufen: Als höchstes Gut galt, mit sich selbst übereinzustimmen, danach mit der Vernunft und damit auch mit der universellen Vernunft.

Damit gestaltet der Stoiker seine Freiheit innerhalb der Bedingungen seiner Existenz. In dieser Freiheit ist er kein Sklave, der etwas begehrt, das nicht von ihm abhängt. Der Stoiker lebt sozial, beteiligt sich, übernimmt Verantwortung, strebt Gemeinschaft an und trägt dazu bei, das Gemeinsame in Ordnung zu halten. Erfolge und Mißerfolge sind für ihn Erfahrungen, niemals die letzte, bedeutsamste Wirklichkeit: Er weiß, daß ihn nicht die Dinge beunruhigen, sondern seine eigenen Vorstellungen über sie. Er ist ein Mensch der ganzen Existenz, verbunden mit allem, geborgen in einem umfassenden Prozeß, den er selbst mitgestaltet, und bei alldem unerschütterlich, gelassen, innerlich völlig unabhängig.

Philosophierend lernen wir wieder zu staunen. Philosophie ist die Liebe zur Weisheit und die erkennende Suche nach Zusammenhängen. Die Philosophen der Stoa suchten mit dem WARUM? und dem WOZU?, und vor allem lehrten sie menschliche Haltung in universeller Existenz: das WIE.

Seneca, Epiktet, Marc Aurel

Alle Zitate stammen aus den Schriften Senecas (»Vom glückseligen Leben«, »Von der Gemütsruhe«, »Von der Kürze des Lebens«, »Trostschrift an Marcia«, »Trostschrift an Helvia«, »Briefe an Lucilius«), Epiktets (»Handbüchlein der Moral«, »Unterredungen«) und Marc Aurels (»Selbstbetrachtungen«).

Wollen Sie die Zitate in ihrem Zusammenhang nachlesen, dann nutzen Ihnen die Verweise nach jedem Zitat. Zitiert wird nach den Ausgaben:

Marc Aurel: »Selbstbetrachtungen«, Kröner, 1973;

Seneca: »Vom glückseligen Leben«, Kröner 1978; und

Epiktet: »Handbüchlein der Moral und Unterredungen«, Kröner, 1978.

MA7 bedeutet: Marc Aurel, Seite 7.

S28 bedeutet: Seneca, Seite 28.

E56 bedeutet: Epiktet, Seite 56.

Seneca, der private Staatsmann

Seneca wurde 4 Jahre vor Christus in dem damaligen Corduba geboren und tötete sich 69 Jahre später in Rom. Er wurde Politiker und war ein solch außerordentlicher Redner, daß ihn der neidische Caligula ermorden lassen wollte. Caligulas Witwe Messalina verbannte ihn für acht Jahre nach Corsica. Aggripina, die zweite Frau des Claudius, holte ihn in hohe Staatsämter. Er wurde Erzieher und Berater des jungen Nero, übernahm für den minderjährigen Kaiser einen Teil der Staatsgeschäfte, trug zur Blüte Roms wesentlich bei, wurde selbst wohlhabend und zog sich zunehmend zurück, als Nero gewalttätig zu herrschen begann. Auf seinem Landgut philosophierte und schrieb er, bis Nero ihn beschuldigte, an einer Verschwörung beteiligt gewesen zu sein und ihn zum Freitod zwang.

Epiktet, der freie Sklave

Epiktet wurde etwa 50 Jahre nach Christus in Hierapolis (Phrygien) geboren und starb um 138 in Nikopolis (Epirus). Als griechischer Sklave kam er nach Rom, wo er wegen seiner Gelehrsamkeit und seines hohen Sinns freigelassen wurde, einigen Quellen zufolge von Nero selbst. Als Lehrer der Philosophie mußte er im Jahr 94 wie alle anderen Philosophen auf Befehl Domitians Rom verlassen. In Nikopolis war er gesucht, viele wollten von ihm lernen und bewunderten ihn. Er war körperlich behindert und nicht verheiratet. Seine Lehren wurden von seinem Schüler Arrian aufgezeichnet. Von den acht Kapiteln seiner »Unterredungen« ging die Hälfte verloren.

Marc Aurel, der dienende Herrscher

Marcus Aurelius Antoninus wurde als Marcus Annius Verus 121 nach Christus in Rom geboren und starb 180 in der Gegend des heutigen Wien, mutmaßlich an der Pest. Er wuchs nach dem frühen Tod seines Vaters bei seiner Mutter auf, ein ernstes Kind, das Kaiser Hadrian auffiel, der seinen Onkel adoptierte, dieser wiederum Marcus – der damit zum späteren Kaiser bestimmt war. Schon mit 25 Jahren wurde er Mitregent. Von seinem Onkel Antoninus Pius lernte er die Staatskunst und von Iunius Rusticus die stoische Philosophie. Mit seiner Regierung begann der Untergang Roms. Immer wieder brachen Kriege aus, wurden Feldzüge nötig. Marc Aurel starb, bevor er eine neue Ordnung des Römischen Reiches stabilisieren konnte.

Wie sich der stoisch managende Mensch selbst versteht

Daß dieser oder jene sich »stoisch« verhalte, meint heutzutage allerlei: gelassen oder distanziert oder fatalistisch oder kalt oder unempfindlich und immer so fort. Darum ist es nützlich, wenn wir kurz beschreiben, was dieses »stoisch« als stoische Haltung meint.

Ich bin gleichmütig, gelassen, geduldig, großmütig, gelöst und gefaßt.

Das hat seine Gründe in mir,

da ich selbstbewußt bin, schöpferisch, frei, tolerant, vertrauensvoll, kraftvoll und lebendig.

Und aus dieser Haltung entsteht:

in meinem Tun bin ich führend, siegreich, mächtig, geschützt, gemeinschaftlich, offen und nützlich.

So, verkürzt, aber damit auf den Punkt gebracht, werden Sie Hinweise zu dieser Haltung in den Zitaten der Stoiker finden und auch, wessen es bedarf, um in dieser Haltung zu leben und damit auch zu leisten.

selbstbewußt

Ich weiß, was ich kann
und wo meine Grenzen sind.

schöpferisch

Ich weiß, daß ich selbst Wirklichkeit gestalte,

wie mir das gelingt
und welche Grenzen ich dabei respektiere.

frei
Ich erkenne, welche Bedingungen nicht von mir gestaltbar sind,
und in diesem Rahmen entwickle ich meine Freiheit.

tolerant
Ich bilde meine Wirklichkeit
– durch alle meine Vorstellungen –
und erwarte von anderen dasselbe.

vertrauensvoll
Ich bin meiner selbst,
meiner Möglichkeiten und Mittel
so bewußt, daß ich mir traue und allen anderen
– solange sie mich nicht angreifen.

kraftvoll
Ich setze meine Kraft kontrolliert ein
und konzentriere sie so auf das,
was durch mich gestaltet werden kann.

lebendig
Ich erkenne gelassen, daß ich sterblich bin
– und folglich bis zu meinem Tod lebendig.

führend
Ich führe mich,
deshalb kann ich auch andere führen.

siegreich
Ich siege meistens,
weil ich nur kämpfe, wenn ich siegen kann.

mächtig
Ich gestalte,
was ich verwirklichen kann

– übereinstimmend mit den Gesetzen der Schöpfung.

geschützt
Werde ich angegriffen,
dann entscheide ich selbst, ob ich kämpfen will;
dann setze ich mir Ziele, setze alle meine Mittel ein;
dann siege ich nicht maximal, sondern optimal;
dann sind Erfolg oder Mißerfolg nur Interpretationen
– für mich vor allem anderen Ergebnisse.

gemeinschaftlich
Ich beziehe mich stets auf das Ganze,
also auch auf alle Beteiligten,
deren Beiträge und deren Wohl.

offen
Ich lasse mich von allen und allem anregen
– und dann wähle ich besonnen aus.

nützlich
Ich weiß, welchen Nutzen ich biete
– und welchen ich dafür will.

Ratschläge von Seneca, Epiktet und Marc Aurel in sieben Kapiteln

1. Strategie und Führung

Wer etwas bei sich selbst durchzusetzen versteht, der versteht auch, es bei anderen durchzusetzen.
Konfuzius

Tod

Wenn ihm aber kein Mensch glaubt, daß er einfach, ehrfürchtig und wohlgemut lebt, zürnt er doch keinem von ihnen, noch läßt er sich von dem Wege abbringen, der zum Ziele des Lebens führt, zu dem man reinen Herzens, ruhigen Gemüts, innerlich bereit und in freiwilligem Einklang mit seinem eigenen Lebenslose kommen muß.
MA/31

Immer daran denken, wie viele Ärzte schon gestorben sind, die oft über ihre Kranken die Brauen zusammengezogen haben; wie viele Astrologen, die den Tod anderer als eine große Sache vorausgesagt haben; wie viele Philosophen, die mit wichtiger Miene endlose Reden über Tod oder Unsterblichkeit gehalten haben; wie viele Kriegshelden, die viele Feinde erschlagen haben; wie viele Tyrannen, die ihre Macht über Leben und Tod

mit greulicher Überhebung mißbraucht haben, als wenn sie selber unsterblich wären.
MA/47

Kurzlebig ist der Lobende und der Gelobte, der Gedenkende und der, dessen gedacht wird.
MA/108

Leben

Du mußt daher aus zwei Gründen das, was dir widerfährt, liebhaben: Einmal, weil es dir widerfuhr und dir verordnet wurde und zu dir irgendwie in Beziehung stand, da es dir von oben, aus den letzten Ursachen, verhängt ist. Zum anderen, weil für den, der das Weltganze durchwaltet, auch das, was jeden einzelnen von uns und nur ihn trifft, Ursache der Wohlfahrt und Vollendung des Weltganzen – und beim Zeus! – gerade seiner Fortdauer ist.
MA/54

Die Ursache aber ist diese, daß wir leer an allem Guten und auf Fristung des Lebens ängstlich bedacht sind. Denn kein Teil desselben bleibt bei uns zurück; es ist vorüber und zerronnen.
S/212

Nicht lange, sondern genug zu leben sei unsere Sorge.
S/255

Denn um lange zu leben, bedarfst du des Schicksals, um genug zu leben, deines Entschlusses.
S/255

Schicksal

Setzen wir den Fall, du seist in irgendeine mißliche Lage des Lebens geraten, und es habe dir, ohne daß du es wußtest, das Schicksal entweder in öffentlichen oder in häuslichen Angelegenheiten eine Schlinge gelegt, die du weder lösen noch zerreißen kannst. Bedenke, daß Gefesselte ihre Last und die Hemm-

nisse ihrer Füße anfangs schwer ertragen, hernach aber, wenn sie sich vorgesetzt haben, darüber nicht entrüstet zu sein, sondern es zu dulden, so lehrt sie die Notwendigkeit, es mit Kraft, die Gewohnheit, es mit Leichtigkeit zu ertragen.
S/73

Der kann sich vor dem Schicksal hüten, der es zu ertragen vermag, wenigstens gerät er, von Stille umgeben, nicht in Unruhe.
S/258

Ereignis

Gewöhne dich nun, bei jedem unangenehmen Ereignis zu sagen: du bist nicht das, was du scheinst, sondern nur eine Vorstellung. Sodann prüfe es an den Regeln, die du gelernt hast, besonders an der ersten, indem du fragst: gehört es zu dem, was in meiner Gewalt steht, oder nicht? Und gehört es zu dem, was nicht in deiner Gewalt steht, so sage zu dir selber: es geht mich also nichts an!
E/22

Zufall

Es ist natürlich, daß der Zufall viel in unserem Leben vermag, weil wir so sehr nach dem Zufalle leben.
S/235

Wahrheit

Denn sehr leicht werden junge Gemüter der Liebe zum Guten und Rechten gewonnen, und an noch Bildsame und nur wenig Verdorbene legt die Wahrheit die Hand, wenn sie einen tüchtigen Anwalt gefunden hat.
S/264

Was aber wirklich ist, das steht zu allem, was vorhanden ist, im Verhältnis innerer Verwandtschaft. Sie wird aber auch Wahrheit genannt, und vor allem, was wahr ist, ist sie die erste Ursache.
MA/121

So gewähren die geradesten Gegenstände, wenn sie ins Wasser gesteckt sind, den Blicken den Schein des Krummen und Geknickten. Es kommt also nicht bloß darauf an, was man sieht, sondern wie man es sieht: unser Geist ist zu blödsichtig, um das Wahre zu durchschauen.
S/237

Philosophie

Die Philosophie weist niemanden zurück, wählt niemanden aus; sie leuchtet allen.
S/223

Das Ganze

Denn es wird das Ganze verstümmelt, wenn du auch nur irgend etwas von seinem Zusammenhang und Zusammenhalt durchschneidest, einerlei, ob es seine Teile oder seine Ursachen sind.
MA/54

Was verlangt man nun von einem Bürger? Daß er nichts für seinen ausschließlichen Nutzen besitze, über nichts eine Meinung so abgebe, als wäre er allein maßgebend, sondern etwa so, als hätte eine Hand oder ein Fuß Vernunft und könnte die Einrichtung der Natur begreifen. In dieser Gesinnung würde niemand etwas versuchen, erstreben oder betreiben, was gegen das Wohl des Ganzen wäre.
E/69

Das Ganze ist wichtiger als ein Teil, der Staat wichtiger als ein Bürger.
E/69

Was dem Staat nicht schadet, das schadet auch den (einzelnen) Bürgern nicht.
MA/60

Stets auf das Ganze (eines Dinges) sehen.
MA/174

Denn über das Ganze hinaus gibt es nichts, sowenig als über das Ende hinaus.
S/28

Deshalb fehlen wir, weil wir alle nur über einzelne Teile des Lebens Betrachtungen anstellen, niemand aber über das Ganze.
S/235

Man darf weder einzelnes hier und da herausgreifen noch begierig über das Ganze herfallen: durch die Teile gelangt man zum Ganzen.
S/261

Kosmos

Denk daran, daß es ebenso töricht ist, sich darüber zu wundern, daß der Feigenbaum Feigen trägt, wie darüber, daß der Kosmos dies und jenes hervorbringt, wovon er der Erzeuger ist.
MA/107

Jetzt

Zwei Dinge also sind zu verbannen, sowohl die Furcht vor einem künftigen als auch das Andenken an ein vergangenes Ungemach; jenes berührt mich noch nicht, dieses nicht mehr.
S/244/245

Zukunft

Erkenne also, daß jeder Zustand wandelbar ist und daß alles, was irgendeinem zustößt, auch dir zustoßen kann.
S/78

Wenn du bei einem so großen Wechsel der auf- und abflutenden Ereignisse nicht alles, was geschehen kann, als einst wirklich geschehend annimmst, so gibst du dem Schicksal eine Gewalt über dich, die derjenige bricht, der das Zukünftige voraussieht.
S/79

Was für ein Unsinn ist es, seinem Übel vorauszuschreiten!
S/258

Vision

Denke daran, wieviel schöner das Bewußtsein eines Sieges ist.
E/43

Ziele

Unmöglichem nachzujagen ist Wahnsinn.
MA/59

Die Natur hat bei einem jeden Ding ihr Ziel nicht weniger auf sein Ende als auf seinen Anfang und seinen Weg gerichtet, gerade wie der Mensch, der einen Ball emporwirft.
MA/108

Dem auf der Straße Wandernden ist irgendein Ziel gesteckt; das Herumirren ist endlos.
S/209

Wer einen Pfeil absenden will, muß wissen, worauf er zielt, und dann mit der Hand dem Geschosse die Richtung geben.
S/235

Für einen, der nicht weiß, nach welchem Hafen er steuern will, gibt es keinen günstigen Wind.
S/235

Folgen

Wer in die Sonne kommt, wird, wenn er auch nicht deshalb gekommen ist, gebräunt werden.
S/261

Prognose

Hat der Rabe unheilverkündend gekrächzt, so laß die Vorstellung davon nicht Herr über dich werden. Sondere scharf und sage zu dir: mir kann er nichts Schlimmes verkünden, höchstens meinem Körper, meiner Habe, meinem Ansehen, meinen Kindern, meinem Weibe.
E/30

Befrage übrigens – nach dem Rate des weisen Sokrates – ein Orakel nur in solchen Fällen, in denen es nur auf den Ausgang ankommt und wo du weder durch Vernunft noch irgendein anderes menschliches Vermögen klar sehen kannst.
E/40

Ein Unwetter droht, ehe es heraufzieht; die Häuser krachen, ehe sie zusammenstürzen; der Rauch verkündet einen Brand voraus; aber plötzlich kommt das vom Menschen ausgehende Verderben und verbirgt sich um so sorgfältiger, je näher es herantritt.
S/260

Urteil

Es wäscht sich jemand eilig. Sage nicht: er wäscht sich schlecht, sondern: er wäscht sich eilig.
E/46

Sicherheit

Alles, was einst geschehen konnte, kann auch noch geschehen.
S/259

Einiges stürzt auf uns herein, aber stellt uns nicht nach; siehe vielmehr auf das, was uns beobachtet, uns zu fangen sucht.
S/260

Grundsätze

Gerade wie die Ärzte stets ihre Instrumente und Messer für plötzlich notwendige Operationen zur Hand haben, so habe du deine Grundsätze bereit, um die göttlichen und menschlichen Dinge zu verstehen und alles, auch das Kleinste, so zu tun wie jemand, der der Verkettung beider Welten miteinander eingedenk ist.
MA/29/30

Binnen zehn Tagen wirst du ihnen als Gott erscheinen, denen du jetzt wie ein Raubtier oder ein Affe vorkommst: wenn du zu

den Grundsätzen und zur Verehrung der Allvernunft umkehrst.
MA/37

Bedingungen

Bei allem, was du tust, bedenke die notwendigen Voraussetzungen und die Folgen, dann erst beginne; andernfalls wirst du zwar voll Eifer darangehen, da du eben die Umstände nicht bedacht hast; wenn aber Schwierigkeiten kommen, wirst du mit Schande aufhören.
E/36

Standpunkte

Wie ein Affe ahmst du allem nach, was du siehst; heute gefällt dir das, morgen jenes. Du bist eben nicht mit Überlegung ans Werk gegangen, hast dir die Sache nicht von allen Seiten betrachtet. Blindlings, nur von flüchtiger Begierde geleitet, kamst du dazu.
E/36

Viele zwar gibt es, die sich notgedrungen auf ihrem hohen Standpunkte halten müssen, von dem sie nicht anders als im Sturze herabkommen können: aber sie werden auch bezeugen, das eben sei ihre größte Last, daß sie andern lästig zu fallen gezwungen werden und nicht in die Höhe gehoben, sondern in die Höhe gebannt sind. Durch Gerechtigkeit, durch menschenfreundliche Milde, durch wohlwollende Freigebigkeit mögen sie sich viele Hilfsmittel zu einem glücklichen Herabkommen bereiten, so daß sie in ihrer schwebenden Lage sorgloser sein können.
S/75

Gesetz

Wer seinen Herrn verläßt, ist ein Ausreißer. Herr aber ist das Gesetz, und wer wider das Gesetz handelt, ist ein Ausreißer.
MA/146

Nutzen

Der Schmied macht dem Vaterland auch keine Schuhe und der Schuster keine Waffen.

E/33

Gewöhnlich verachtet man freilich den, der nicht imstande ist, einem zu schaden. Es ist richtiger, den zu verachten, der nicht imstande ist zu nützen.

E/55

Denn wo Vorteil ist, da ist auch Frömmigkeit.

E/39

Jeder, der einem andern nützt, nützt sich selbst.

S/247/248

Ursache

Ergründe, wie die Dinge selber sind, indem du sie zerlegst in Stoff, Ursache, Zweck.

MA/173

Es muß also erst etwas da sein, woraus ein Ding wird, sodann etwas, wodurch es wird; dieses ist die Ursache, jenes der Stoff.

S/229

Erwartung

Komme also ohne Wünsche, weder dafür noch dagegen, vor das Orakel, auch ohne Zittern und Zagen; vielmehr mit der Überzeugung, daß alles, was auch kommen möge, gleichgültig sei und dein Inneres nicht berühre.

E/39

Wunsch

Notwendig aber berührt der Schmerz über einen vereitelten Wunsch das Gemüt minder hart, wenn man sich seine Erfüllung nicht auf jeden Fall versprochen hat.

S/81

Begierden

Wenig verlangt die Natur, der Wahn Unangemessenes.
S/209

Mögliches

Wenn du aber etwas Mögliches erstrebst, so kannst du es erreichen. Übe also, was du kannst.
E/28

Menschen

Sie verachten einander und schmeicheln (doch) einander; sie wollen einander den Rang ablaufen und kriechen doch voreinander!
MA/159

Denn beide Klassen von Leuten waren nötig, damit Cato verstanden werden konnte; er mußte ebensowohl treffliche Menschen haben, deren Beifall er sich erwerben konnte, als auch schlechte, an denen er seine Kraft zu erproben vermochte.
S/69

Durchschaue ihre Seelen und achte darauf, nach was für Dingen die Klugen trachten und was für Dinge sie meiden.
MA/44

Die Menschen sind um einander willen da. Belehre sie also (eines Besseren), oder ertrage sie.
MA/120

(Denk daran,) was sie für Kreaturen sind, wenn sie essen, schlafen, sich begatten, sich entleeren und so fort. Und dann, wie sie sich bloßstellen, wenn sie den Herrn spielen, sich brüsten oder grollen und von oben herab andere schelten. Und gestern noch – vor wie vielen krochen sie da und um welch nichtigen Lohn! Und morgen – unter was für Leuten wird man sie finden!
MA/145

Er denkt auch daran, daß alle vernünftigen Wesen miteinander verwandt sind und daß es gemäß der menschlichen Natur ist, sich um alle Menschen zu kümmern, daß man sich aber nicht an die Meinung aller Menschen halten darf, sondern nur an diejenigen, die im Einklang mit der Allnatur leben.
MA/24

Was dem Schwarm nichts nützt, nützt auch der (einzelnen) Biene nichts.
MA/82

Was das Denkvermögen und der Gemeinsinn weder als vernünftig noch als gemeinnützig erkennen, das erachten sie mit gutem Grund als unterhalb ihrer Sphäre liegend.
MA/101

In die Denkweise eines jeden eindringen; aber auch jeden andern in dein eigenes Denken eindringen lassen.
MA/120

Alles, was an einem Gemeinsamen teilhat, das strebt zum Verwandten.
MA/124

Unerschütterliche Ruhe gegenüber den Ereignissen, die eine äußere Ursache haben, Gerechtigkeit im Handeln, soweit es in dir selber seinen Ursprung hat – d.h. Vorsatz und Tat müssen ihr Ziel gerade im Wirken für das Gemeinwohl finden, in der Überzeugung, daß das im Einklang mit deiner Natur steht.
MA/131

Habe ich etwas im Geist der Gemeinschaft getan? Dann bin ich dadurch gefördert.
MA/155

Seltenere, wenn auch schwere Zufälle sind es, Schiffbruch zu

leiden, mit dem Wagen umzuwerfen; von dem Menschen aber droht dem Menschen tägliche Gefahr.
S/260

Die Welt ist ein einziges Gemeinwesen; gleich ist überall der Stoff, aus dem sie gebildet worden ist; es muß notwendig einen Kreislauf geben, das eine muß dem andern Platz machen, das eine muß vergehen, wenn das andere ersteht, das eine bleibt an seiner Stelle, das andere bewegt sich fort.
E/111

Netzwerk

Sich den Kosmos stets als ein Lebewesen vorstellen, das eine einzige Substanz und eine einzige Seele besitzt, und bedenken, wie alles, was geschieht, einem einzigen Bewußtsein, dem dieses Kosmos nämlich, übermittelt wird, und wie er durch einen einzigen Antrieb alles bewirkt und wie alles Mitursache ist von allem, was geschieht, und welcher Art die Verflechtung und Verwebung (alles Geschehens) ist.
MA/45

An die Verkettung aller Dinge im Kosmos und ihr Verhältnis zueinander mußt du denken. Denn in gewisser Hinsicht sind alle Dinge miteinander verflochten; insofern sind sie alle einander freund.
MA/77

Persönlichkeit

Der Schlechte wendet alles zum Schlechten, auch was mit dem Scheine des Besten gekommen war; der Rechtschaffene und Redliche verbessert das Schlimme des Schicksals, mildert das Harte und Herbe, indem er es geschickt erträgt, und nimmt das Angenehme dankbar und bescheiden, das Widerwärtige aber standhaft und tapfer hin.
S/257

Für den Wankenden gibt es nichts Festes, für den Hinfälligen nichts Ewiges und Unbezwingliches.
S/259

Identität

Hüte dich, daß du nicht verkaiserst oder angesteckt wirst.
MA/74

Daran mußt du immer denken, welcher Art die Natur des Alls und welches deine eigene ist und in welchem Verhältnis sie zu jener steht und was für ein Teil was für eines Ganzen sie ist, und daß es niemand gibt, der dich hindern könnte, stets das, was im Einklang mit der Natur steht, von der du ein Teil bist, zu tun und zu sagen.
MA/15

Wer aber nicht weiß, wozu er da ist, der weiß nicht, wer er ist, noch was der Kosmos ist.
MA/118

Der Weise

Wer wird das leisten? Wenige, aber doch einige. Es ist schwer; und ich sage nicht, daß der Weise stets in gleichem Schritte gehen werde, aber doch auf gleichem Wege.
S/210

Ratgeber

Und wenn dir etwas geraten wird, so bedenke, was für Ratgeber du befragt hast und wen du durch Ungehorsam kränken würdest.
E/39/40

Zeit

Alles geht nach bestimmten Zeiten; es muß entstehen, wachsen, vergehen.
S/240

Wandel

Von oben betrachte die unzähligen Herden, die unzähligen Religionsgebräuche und Meeresfahrten aller Art unter Stürmen und Windstille und die Veränderungen der werdenden, sich vereinenden und wieder vergehenden Dinge.
MA/130/131

Richte stets deine Aufmerksamkeit auf alles, was infolge einer Umwandlung geschieht, und gewöhne dich daran zu begreifen, daß die Allnatur nichts so sehr liebt, wie die Dinge umzuwandeln und immer neue ähnlicher Art hervorzubringen. Denn jedes Ding ist gewissermaßen Samen dessen, was aus ihm werden wird. Du aber verstehst unter Samen nur das, was in der Erde oder in den Mutterleib gesenkt wird. Das ist doch gar zu einfältig!
MA/44

Alle Dinge sind nur Veränderungen; nicht, daß du deswegen Angst zu haben brauchst, daß das etwas Unheimliches wäre!
MA/104/105

Für Dinge, die sich in Umwandlung befinden, ist dabei nichts Schlimmes, ebenso wie für Dinge, die infolge einer Umwandlung entstehen, nichts Gutes dabei ist.
MA/45

Die Kreisläufe des Kosmos sind immer dieselben: auf und nieder von Ewigkeit zu Ewigkeit.
MA/129

Kein Ding hat ein Ende, sondern alles ist zu einem Kreislauf verknüpft, flieht und verfolgt sich.
S/215

Wachstum

Gemeinschaft des Wachstums, aber keine Gemeinschaft der Gesinnung.
MA/157

unterwegs

Derselbe Umstand, der dich forttrieb, verfolgt dich.
S/216

Selbst-Bewußtsein

Der Klippe gleich sein, an der sich ständig die Wogen brechen. Sie aber steht unerschüttert, und die sie umtobende See sinkt in Schlummer.
MA/47

erkennen

Die Menschen wissen nicht, was das Stehlen, das Säen, das Kaufen, das Ruhen und die Einsicht, was zu tun ist, bedeuten. Das wird ja nicht mit Augen gesehen, sondern mit einer Sehkraft anderer Art.
MA/30

Streng dein Denken aufs äußerste an, das, was (von einem andern) gesagt wird, zu erfassen. Versenke deinen Geist in das, was geschieht, und in das, was die Ursache davon ist.
MA/91

Zu den angeführten Grundsätzen soll noch einer hinzukommen, der nämlich, daß man sich stets einen Begriff oder eine Vorstellung von dem Dinge machen soll, das gerade in unser Bewußtsein tritt, so daß man es so, wie es wirklich seinem Wesen nach ist – nackt und ganz durch das Ganze hindurch gegliedert –, sieht und daß man sich selber klarmacht, welcher Name ihm eigentümlich ist, wie auch die Namen der tausend Teile, aus denen es zusammengesetzt ist und in die es sich dereinst wieder auflöst.
MA/28

Kehr das Ding von innen nach außen und betrachte dann, wie es beschaffen ist, wie es wird, wenn es alt wird, wenn es krank ist, wenn es verendet ist.
MA/108

Jetzt aber handeln die meisten so, daß sie den Einsturz, dem sie wehren sollten, selbst auf sich herabziehen.
S/245

verstehen

Und denk daran, daß das Wort »verständig« dir einen Menschen bezeichnen will, der mit seinem Verstand in jede Sache scharf eindringt und gründlich darüber nachdenkt.
MA/141

Die Tatsachen stehen außerhalb der Tür, völlig für sich, ohne etwas über sich selber zu wissen oder auszusagen. Was gibt uns denn nun Kunde von ihnen? Die denkende Vernunft.
MA/127

mitteilen

Du handelst also nicht recht; wenn du dich reißest um Lobredner und deine Zuhörer zählst, wie willst du da noch andern nützen?
E/106

Wäge deine Worte, zeig eine große Denkweise.
MA/52

Woher nimmst du denn das, was du andern mitteilen willst und selbst nicht hast?
E/87

Hörst du unlautere Reden, so weise bei passender Gelegenheit den Sprechenden zurecht. Ist dies nicht möglich, so zeige wenigstens durch auffallendes Schweigen, Erröten und ernste Miene deine Mißbilligung.
E/42

Vermeide es auch, schlechte Witze zu machen, denn die Gefahr liegt nahe, dabei gemein zu werden und dabei die Hochachtung deiner Mitmenschen zu verscherzen.
E/42

Sprich nicht viel und über Gebühr von deinen eigenen Taten und Gefahren.
E/42

Lache nicht viel, nicht über alles, und nicht überlaut.
E/40

Schweige zumeist; sprich nur das Notwendige und kurz.
E/40

Sich einer natürlichen Ausdrucksweise bedienen.
MA/110

Am meisten nützt eine Rede, die sich in kleinen Abschnitten in die Seele einschleicht; vorher ausgearbeitete und vor dem zuhörenden Volke sich ergießende Vorträge haben mehr Geräuschvolles als Vertrauliches.
S/219

Zuweilen zwar muß man sich auch jenes – um mich so auszudrücken – Volksrednertons bedienen, so es einen, der noch unentschlossen ist, anzutreiben gilt.
S/219

Findest du irgend jemandes Rede ängstlich und gefeilt, so wisse, daß auch seine Seele nicht weniger mit kleinlichen Dingen beschäftigt ist.
S/265

Der große Mann spricht freier und sorgloser; alles, was er sagt, zeigt mehr Zuversicht als Sorgfalt.
S/265

Die Rede ist die Kleidung der Seele, ist sie geschoren, geschminkt und mit Kunst gefertigt, so zeigt sie, daß auch die Seele nicht echt ist und irgendeinen Schaden hat.
S/265

Frage nicht, was du schreiben sollst, nicht wie; und selbst dies nicht, um zu schreiben, sondern um zu denken, damit du das,

was du denkst, dir mehr zu eigen machst und gleichsam einprägst.
S/265

können

Die ihm eigene Tugend ist beim Weinstock die Fruchtbarkeit: auch am Menschen ist nur das zu loben, was sein eigen ist.
S/222

Wir müssen die Last den Kräften anpassen und nicht mehr auf uns nehmen, als wir zu genügen imstande sind.
S/261

tun

Unrecht tut oft derjenige, der etwas nicht tut, nicht nur der, der etwas tut.
MA/124

Wozu das Grübeln und Sorgen, wenn du in der Lage bist, zu ergründen, was du zu tun hast?
MA/143

verwirklichen

Das noch Unvollkommene muß notwendig schwanken und bald vorwärtsgehen, bald straucheln und niedersinken.
S/239

helfen

Niemand wird es müde, sich helfen zu lassen. Helfen aber ist eine Handlung gemäß der Natur. Werde daher nicht müde, dir helfen zu lassen, indem du anderen hilfst.
MA/102

führen

Wie roh ist es, den Menschen nicht zu gestatten, den Dingen nachzujagen, die ihnen natürlich und vorteilhaft scheinen! Und

doch gestattest du ihnen in gewissem Sinne nicht, dies zu tun, wenn du dich darüber ereiferst, daß sie fehlen! Denn sie werden ja unter allen Umständen zu dem getrieben, was ihnen natürlich und vorteilhaft scheint. »Aber das ist doch in Wirklichkeit nicht der Fall!« Dann belehre sie und mach ihnen ihren Irrtum klar, ohne dich darüber zu ärgern!
MA/74

Wenn sich dir aber jemand mit Gewalt widersetzt, so füge dich darein und gräme dich nicht darüber und benutze das Hindernis zur Betätigung einer anderen Tugend.
MA/82

Gewöhne dich daran, das von einem anderen Gesagte scharf durchzudenken. Und versetz dich nach Möglichkeit in die Seele des Redenden.
MA/82

Wenn jemand gegen dich fehlt, dann bedenke alsbald, was er für gut oder böse hielt, als er gegen dich fehlte; denn wenn du das erkannt hast, wirst du Mitleid mit ihm haben und dich weder über ihn wundern noch ihm zürnen.
MA/90

An dem Platz, auf den sich jemand gestellt hat, in der Meinung, daß er der Beste ist, oder auf den er von seinen Vorgesetzten gestellt ist, da muß er, wie mir scheint, ausharren und der Gefahr trotzen, indem er sich um nichts anderes kümmert, weder um den Tod noch irgend etwas anderes, außer der Schande.
MA/94

Die Götter, die doch unsterblich sind, sind nicht darüber ungehalten, daß sie in so unendlicher Zeit dauernd so minderwertige Menschen ertragen müssen. Ja, sie sorgen sogar für sie in jeder Weise!
MA/101

leisten

Überhaupt sei darauf bedacht, abgesehen von der Tugend und ihrer Betätigung (bei einer Leistung) die einzelnen Elemente derselben zu betrachten und durch Zergliederung in diese dahin zu kommen, daß du sie verachtest. Dasselbe Verfahren mußt du auf das Leben in seiner Gesamtheit übertragen.
MA/155

Ihr behauptet, es leiste keiner das, was er anpreise, und es lebe keiner nach seiner Rede.
S/39

befehlen

Stellst du das hinten hin, was gebietet?
S/30

loben

Alles, was nur irgendwie schön aus sich selber ist, ist schön und gut in sich selber. Das Lob bildet keinen Teil von ihm. Denn ein Ding, das gelobt wird, wird dadurch weder schlechter noch besser.
MA/38

Denn was ist törichter, als an einem Menschen zu loben, was nicht sein eigen ist?
S/222

Lobe an ihm, was ihm weder entrissen noch gegeben werden kann, was des Menschen wahres Eigentum ist. Was das sei? fragst du. Sein Geist und die im Geiste vollkommen ausgebildete Vernunft.
S/222

tadeln

Wenn ein anderer dich tadelt oder haßt oder die Leute in diesem Sinne über dich sprechen, wende deine Aufmerksamkeit

auf ihre Seelen, dringe in sie ein und sieh, wes Geistes Kind sie sind. Dann wirst du sehen, daß du dich nicht darüber aufzuregen brauchst, was die Leute über dich denken.
MA/129

wollen

Die Menschen wissen nicht, was sie wollen, außer in dem Augenblicke, wo sie wollen: fürs Ganze hat sich noch keiner über sein Wollen oder Nichtwollen entschieden.
S/211

Beginnst du, dich dem zu entziehen, was dich drückt, was über dir hängt, was dich drängt, so wird es dir nachsinken und nur um so schwerer auf dir lasten; wenn du aber Widerstand leistest und den Willen hast, dich dagegenzustemmen, so wird es zurückgedrängt werden.
S/245

fürchten

Nichts ist elender und törichter, als sich vorher zu fürchten.
S/258

tapfer

Denn versuchte Tapferkeit steigert sich.
S/206

mutig

Nach einem Schiffbruch versucht man die See aufs neue.
S/246

aufrichtig

Niemand soll von dir mit Recht sagen dürfen, daß du kein grader und offener Charakter oder kein guter Mensch wärest, sondern ein Lügner sei jeder, der von dir etwas Derartiges denkt!

All das aber steht in deiner Macht, denn wer kann dich hindern, gut und aufrichtig zu sein? Nur mußt du entschlossen sein, nicht länger zu leben, wenn du nicht die Kraft hast, ein solcher Mensch zu sein! Denn das fordert auch die Vernunft nicht, wenn du nicht ein solcher Mensch bist.
MA/149

begeistert

Nur ein begeisterter Mensch kann etwas Großes und über das Gewöhnliche Erhabene aussprechen.
S/88

präsent

Wenn auf einer Seefahrt das Schiff am Lande hält und du steigst aus, um Wasser zu holen, so magst du wohl nebenher eine Muschelschale auflesen oder einen Tintenfisch; dein Augenmerk aber muß aufs Schiff gerichtet sein, und du mußt dich immer wieder umsehen, ob nicht vielleicht der Steuermann ruft. Ruft er dich, so mußt du alles liegenlassen, damit du nicht gebunden in das Schiff geworfen wirst, wie es mit den Schafen geschieht.
E/25

deutlich

Im Senat wie zu jedermann in maßvoller Weise reden, nicht mit zu grober Deutlichkeit.
MA/110

bescheiden

Auch wollen wir die Höherstehenden nicht beneiden: wo große Höhe ist, da ist auch jähe Tiefe. Jene dagegen, die ein ungünstiges Geschick auf einen bedenklichen Platz gestellt hat, werden sicherer sein, wenn sie den an sich stolzen Verhältnissen den

Stolz nehmen und ihr Schicksal soviel wie möglich aufs Ebene herabheben.
S/75

gütig

Wenn du kannst, belehre (ihn) eines Bessern. Wenn das aber nicht möglich ist, so bedenke, daß dir für diesen Fall die Güte gegeben ist. Auch die Götter sind ja gegen solche Menschen gütig.
MA/126

wohltätig

Eine Wohltat muß so angebracht werden wie ein tief vergrabener Schatz, den man nicht ausgräbt, es müßte denn notwendig sein.
S/45

ruhig

Erstens: verlier nicht deine Ruhe!
MA/104

Auch dem Hin- und Herrennen muß man Einhalt tun, welches einem großen Teile der Menschen eigen ist, die Häuser, Theater und Marktplätze durchschweifen.
S/79

gerecht

Bedenke, daß alles, was geschieht, gerechterweise geschieht. Wenn du scharf achtgibst, dann wirst du finden, daß dies wirklich der Fall ist. Ich meine nicht nur: gemäß einer Folgewirkung, sondern gemäß der Gerechtigkeit und als wenn es durch jemanden geschähe, der (jedermann) das Gebührende zuteilt. Gib also acht, wie du begonnen hast (es zu tun), und was du auch tust, tu es mit dem Bestreben, gut zu sein, »gut« im eigent-

lichen Sinne des Wortes. Diesen Grundsatz befolge bei allem, was du tust.
MA/36

Versuche, die Menschen gütlich zu überreden; handle aber auch gegen ihren Willen, wenn es die Gerechtigkeit so fordert.
MA/82

Ich habe viele gefunden, die gerecht waren gegen die Menschen, aber keinen, der es gegen die Götter gewesen wäre.
S/254

mobil

Du bist an leitende Stelle gesetzt, nicht an eine untergeordnete, du sitzest mit in der Ratsversammlung. Weißt du nicht, daß ein solcher sich nur wenig um seine häuslichen Verhältnisse kümmern kann, daß er viel auswärts ist, entweder als Befehlshaber oder unter dem Befehl eines anderen, im Auftrage eines Beamten, oder im Felde, oder Recht sprechend? Und du möchtest wie eine Pflanze immerfort an einer Stelle kleben, wie festgewurzelt?
E/114

konsequent

Schwöre nicht! Wenn möglich überhaupt nicht, oder doch so selten als nur möglich.
E/41

schwach

Ebenso schwach ist das, was schadet, als der, der Schaden leidet; das Beste hat keine schadende Kraft.
S/243

unglücklich

Wenn du also nur dem auszuweichen suchst, was naturwidrig ist und in deiner Macht steht, so verfällst du überhaupt nicht in

etwas, wogegen du Abneigung empfindest. Willst du aber einer Krankheit, dem Tode, der Armut ausweichen, so wirst du unglücklich sein.
E/22

glücklich

Ein Ungebildeter erwartet keinen Nutzen oder Schaden von sich selber, sondern alles von außen. Der Philosoph erwartet allen Nutzen und allen Schaden von sich selber.
E/47

Sie klagen über ihre Pläne und Erfolge und wollen immer lieber das, was sie aufgegeben haben.
S/267

Macht

Derjenige ist Herr über einen andern, der die Macht hat, jenem zu geben, was er will, und von ihm fernzuhalten, was er nicht will.
E/28

Größe

Tauglicher zum Kriege sind Körper, die sich in ihre Rüstung schmiegen können, als solche, die darüber hinausreichen und die ihre Größe von allen Seiten her den Wunden bloßstellt.
S/71

Maß

Ist einmal das Maß überschritten, so gibt es keine Grenze mehr.
E/44

Haltung

Es soll auch kein geziertes Wesen deine Gesinnung verbrämen.
MA/25

Von Menschen eines bestimmten Charakters müssen notwendigerweise ihrer Natur entsprechende Handlungen begangen werden.
MA/35

Ein finsterer Gesichtsausdruck ist durchaus wider die Natur, und wenn er zur Gewohnheit wird, schwindet allmählich das normale Aussehen oder erstirbt schließlich ganz, so daß es überhaupt nicht wieder erweckt werden kann.
MA/89

Die Philosophie lehrt handeln, nicht reden; sie fordert, daß jeder nach seinen Vorsätzen lebe, damit nicht das Leben der Rede widerspreche, und alle Handlungen eine Farbe haben.
S/210

Erfahrung

Kein Ringkämpfer kann großen Mut zum Kampfe mitbringen, der noch niemals braun und blau geschlagen worden ist.
S/205

Überzeugung

Überzeugung ist unüberwindlich.
E/85

Strategie

Du eröffnest ein Krankenhaus und hast wohl die Arzneien, weißt aber nicht, kümmerst dich auch nicht darum, wo und wie sie angewendet werden müssen.
E/88

Firmenkultur

Wer sich in einem Salbenladen niedergelassen und etwas länger darin verweilt hat, nimmt den Geruch des Ortes mit sich.
S/261

Image

Willst du nicht diese fremde Zier, mit der du dich schmückst und die dir nicht steht, so weit wie nur möglich von dir fortwerfen?
E/115

Organisation

Es ist genug, wenn jeder das Seine recht tut.
E/33

Für die Hand oder den Fuß ist keine Mühsal wider die Natur, solange der Fuß die Arbeit des Fußes und die Hand die der Hand verrichtet.
MA/76

Langsames Zugvieh ist viel geeigneter zum Fortschaffen von Lasten als edle Rosse.
S/115

Investition

Auch nach einer schlechten Ernte muß man wieder säen.
S/246

Untergebene

Gern höre ich von denen, die von dir kommen, daß du mit deinen Sklaven freundlich bist. Das erwarte ich nicht anders von deiner Einsicht, deiner Bildung. Es sind Sklaven? Nein: Menschen. Sklaven? Nein: Hausgenossen. Sklaven? Nein, vielmehr Freunde niederen Standes. Sklaven? Nein: Unsere Mitsklaven, wenn wir bedenken, daß dem Schicksal beide durchaus gleich gegenüberstehen.
S/224

Das jedoch ist der Hauptinhalt meiner Vorschriften: Gehe so mit dem Niederen um, wie du wünschest, daß der Höhere mit dir umgehe.
S/225

Knechtschaft

»Dreißig Tyrannen«, sagst du, »standen um den Sokrates her und konnten seinen Mut nicht brechen.« Es kommt nicht darauf an, wieviele Herren es sind. Die Knechtschaft ist nur eine; wer sie verachtet, ist unter einem noch so großen Haufen von Tyrannen frei.
S/217

Pflicht

Ich aber tue meine Pflicht; alles andere geht mich nichts an.
MA/72

Gewohnheit

Trotz alledem werden die Menschen dasselbe tun (wie bisher), und wenn du (aus Zorn darüber) zerbersten würdest!
MA/104

Vorwürfe

Niemandem muß man Vorwürfe machen. Denn, wenn du kannst, weise ihn zurecht. Wenn du das aber nicht kannst, stelle wenigstens die Sache selber richtig. Wenn auch das nicht möglich ist, welchen Zweck hat es da, Vorwürfe zu machen?
MA/107

Der Ungebildete macht andern Vorwürfe, wenn es ihm übel ergeht. Der philosophische Anfänger macht sich selber Vorwürfe. Der wahrhaft Gebildete tut weder das eine noch das andere.
E/24

Vor allem aber, wenn du ihm Vorwürfe machst, weil er treulos oder undankbar ist, dann kehre vor deiner eigenen Tür!
MA/135/136

Fehler

Und wenn du willst, daß dein Diener keinen Fehler begeht, so bist du nicht minder töricht. Denn du willst, daß ein Versehen kein Versehen sei, sondern etwas anderes.
E/28

Wenn er gefehlt hat, liegt der Fehler bei ihm; vielleicht hat er aber gar nicht gefehlt.
MA/133

Es hilft nicht viel, seine eigenen Fehler von sich geworfen zu haben, wenn man mit fremden hadern muß.
S/217

Sünde

Wer sündigt, der sündigt zu seinem eigenen Schaden; wer unrecht tut, der tut sich selber unrecht, denn er macht sich selber schlecht.
MA/124

Dank

Los der Könige ist es, Gutes zu tun, aber schlechten Dank zu ernten.
MA/92

Wenn du etwas Gutes getan und ein anderer von dir Gutes empfangen hat, was verlangst du da überher noch ein Drittes, wie die Toren, daß nämlich auch die Leute sehen, daß du Gutes getan hast, oder schielst gar nach einem Dank für deine Tat?
MA/102

Es verlohnt sich der Mühe, um einen Dankbaren zu finden, auch den Undank zu erfahren.
S/246

Nicht alle Dankbaren verstehen es, für eine Wohltat den rechten Dank zu wissen.
S/246

Böses

Niemand ist böse, ohne Verlust oder Strafe dabei zu erleiden.
E/71

Daß du unerschütterlich seist, selbst wenn Böses aus dem Guten hervorgeht.
S/36

Und jene tief in Gift getauchte Böswilligkeit soll mich nicht von dem Trefflichsten abschrecken.
S/38

Gutes

Mit wem du auch zusammentriffst, gleich frage dich selber: »Was hat dieser Mensch für Ansichten über Gut und Böse?«
MA/106/107

Denn was willst du noch mehr, wenn du einem Menschen etwas Gutes getan hast? Genügt dir das etwa nicht, daß du etwas gemäß deiner Natur getan hast, sondern du willst auch noch Lohn dafür haben? Das wäre ja, wie wenn das Auge Lohn dafür fordern wollte, daß es sieht, oder die Füße dafür, daß sie gehen!
MA/136

Bei einer guten Sache werde ich auch einen schlechten Gewährsmann nicht verschmähen.
S/77

Jetzt aber, bei einem solchen Mangel an Guten, wird wohl die Wahl etwas weniger bedenklich sein müssen.
S/69

Krieg/Frieden

Nie traut ein Feldherr so dem Frieden, daß er sich nicht auf den Krieg gefaßt mache, der, wenn er auch noch nicht geführt wird, doch immer erklärt ist.
S/48

Feind

Die Meinung, man werde den anderen verächtlich erscheinen, wenn man seinem Feind nicht auf jede Weise Schaden zufügt, ist nur eines unedlen und unvernünftigen Menschen würdig.
E/55

Fremde

Ich kann also in meine Angelegenheiten eingreifen, dazu habe ich die Gewalt; das Fremde kann ich zu bessern versuchen, soweit es in meinen Kräften steht, aber aus Grundsatz werde ich es nicht in jedem Falle tun.
E/112

Räuber

Ein Spinnlein, das eine Fliege gefangen hat, bildet sich etwas darauf ein, ein anderer, wenn er ein Häslein, ein anderer, wenn er im Netz eine Sardelle, ein anderer, wenn er ein Wildschwein, ein anderer, wenn er Bären, und ein anderer, wenn er Sarmaten gefangen hat. Sind all diese Menschen nicht Räuber, wenn man ihre Grundsätze prüft?
MA/142

2. Planung und Entscheidung

Du siehst ein Ei an und möchtest es
schon krähen hören.

Tschuang-Tsze

Sinn

Halte dich zu jedem Wort und Werk berufen, das gemäß der Natur ist. Und dabei darf dich der darauf folgende Ta-

del oder das Gerede der Leute nicht irremachen, nein! Sondern, wenn es schön ist, eine Sache zu sagen oder zu tun, dann halte dich ihrer nicht für unwürdig! Haben doch jene Leute ihre eigene Meinung und folgen ihrem eigenen Triebe. Darum mußt du dich nicht kümmern, sondern geradewegs auf dein Ziel losgehen, indem du deiner eigenen und der allgemeinen Natur folgst. Es ist aber der Weg dieser beiden ein und derselbe.
MA/51

Frage dich bei jeder Handlung: In welchem Verhältnis steht sie zu mir?
MA/103

Denn der Mensch ist ein mit Vernunft begabtes Wesen, und dieser Vorzug desselben wird vollkommen, wenn er den Zweck erfüllt, wozu er geboren wird.
S/222

Wie sich eine Flamme stets gerade in die Höhe erhebt und ebensowenig seitwärts liegen und niedergehalten werden als ruhen kann: so ist auch unser Geist in steter Bewegung und desto rühriger und tätiger, je feuriger er ist. Glücklich aber, wer diesen Drang auf das Bessere richtete; er wird sich der Gewalt und Botmäßigkeit des Schicksals entziehen, das Glück mäßigen, das Unglück mindern und auf das, was andere bewundern zu müssen glauben, geringschätzig herabsehen.
S/219/220

Niemand wird das einzelne richtig ordnen, außer wer sich schon einen höchsten Zweck seines Lebens vorgesetzt hat.
S/235

Irre nicht mehr umher.
MA/30

Zuerst mußt du dir klarwerden, was du sein willst, dann mußt du demgemäß handeln.
E/103

Schicksal

Denn wer vieles betreibt, räumt oft dem Schicksal Gewalt über sich ein; und doch ist es am sichersten, dasselbe nur selten auf die Probe zu stellen, übrigens aber stets daran zu denken und sich nichts von seiner Zuverlässigkeit zu versprechen.
S/80

Zufall

Wenn eine Gottheit die Welt regiert, ist alles gut; wenn aber der Zufall herrscht, darf doch darum dein Leben nicht gleichfalls ein Spiel des Zufalls sein!
MA/129/130

Ereignis

Dauernd bedenken, wie alle solche Ereignisse, wie sie jetzt geschehen, auch früher geschahen, und bedenken, daß sie auch ferner geschehen werden.
MA/147

Wirklichkeit

Was ist Aufstand, Widerstreit, Tadel, Vorwurf, Gottlosigkeit, Leichtfertigkeit? Das sind alles Folgerungen von Grundsätzen und nichts anderes, und zwar Grundsätze über uns fremde Dinge, als wären diese gut oder böse. Das sollte man lieber bei Dingen tun, die in unserer Gewalt stehen, und ich gebe dir meine Hand darauf, du wirst dich wohl fühlen, wie es auch immer um dich bestellt sein mag.
E/80/81

Das Ganze

Mach dir ein wissenschaftliches Verfahren zu eigen, um zu durchschauen, wie sich alles ineinander wandelt, und richte

beständig dein Augenmerk hierauf und übe dich auf diesem Gebiet. Denn nichts ist so geeignet, Seelengröße zu erzeugen.
MA/143

Viel aber schadet auch, wer uns aufhält, zumal bei dieser Kürze des Lebens, das wir durch unsere Unbeständigkeit noch mehr verkürzen, indem wir immer bald dieses, bald jenes zu seinem Anfang machen. Wir zerreißen es in kleine Teilchen und zerstückeln es.
S/217/218

Jetzt

Und alles, was dir als das Beste erscheint, sei dir ein unverbrüchliches Gesetz. Mag es sich um ein Mühevolles oder Angenehmes, um ein Ruhmvolles oder Ruhmloses handeln, denke immer: jetzt gilt es zu kämpfen, hier sind die Olympien, da gilt kein Aufschub.
E/49

Zukunft

Man muß nicht darauf sehen, woher die Dinge kommen, sondern wohin sie gehen.
S/224

Denn wir richten unsere Blicke nur auf das Nächste; weiter hinaus blickt unser stumpfsinniger Geist nicht, der sich ganz dem Körper ergeben hat.
S/240

Keiner hat etwas fertig; denn immer verschieben wir unsere Geschäfte auf die Zukunft.
S/211

Vision

Was den Vorbereiteten und Erwartenden nichts Neues bringt, kommt den Sorglosen und nur an Glück Denkenden sehr ungelegen.
S/77

Niemand wird, auch wenn er alle Farben in Bereitschaft hat, ein Bild zustande bringen, wenn er nicht schon mit sich einig ist, was er malen will.
S/235

Wozu wir den inneren Antrieb erfuhren, das wird auch verwirklicht.
MA/82

Ziele

Denn das beste ist es, dies Ziel zu erreichen, da ja das Verfehlen sich nur hierauf beziehen könnte.
MA/143

Kein Ziel ist aufgerichtet, damit man es verfehle.
E/35

Man muß daher auch das Ziel- und Zwecklose in der Kette seiner Vorstellungen meiden, vor allem die Sucht, sich um fremde Dinge zu kümmern, die einen nichts angehen, und alle bösen Gedanken.
MA/23

Fünftens, wenn sie eine ihrer Handlungen und Entschlüsse ohne ein (bestimmtes) Ziel unternimmt und planlos und ohne Folgerichtigkeit etwas tut, während doch auch unsere kleinsten Handlungen im Hinblick auf den Endzweck geschehen sollten.
MA/19

Prognose

Wenn du ein Orakel befragst, so wisse: wie deine Sache ausgehen wird, weißt du nicht.
E/39

Folgen

Was stets hinterherkommt, folgt aus inneren Gründen auf das Vorhergehende. Denn es ist nicht etwa wie eine Aufzählung

von zusammenhanglosen Einzelheiten, die nur auf gedanklichem Zwang beruht, sondern ein wohlbegründeter Zusammenhang. Und wie die Dinge harmonisch zusammengeordnet sind, so zeigt auch das Geschehende nicht eine bloße Aufeinanderfolge, sondern einen wunderbaren inneren Zusammenhang.
MA/46

Urteil

Wenn du scharf sehen kannst, dann sieh hin (so hat jemand gesagt) und urteile so weise wie möglich.
MA/113

Denn woher weißt du, ob etwas schlecht ist, bevor du ihm auf den Grund gegangen bist?
E/46

Prüfe dauernd und, wenn möglich, jede sich dir aufdrängende Vorstellung nach den Grundsätzen der Physik, der Ethik und der Logik.
MA/106

Nur achte darauf, daß du mit Sicherheit deine Prüfung ausführst.
MA/26

Wenn es vorteilhaft für dich als vernünftiges Wesen ist, dann halte dich daran; wenn aber vorteilhaft für dich nur als Lebewesen, dann sprich es offen aus und halte unbeirrt dein Urteil aufrecht.
MA/26

Wünsche

Denn sie eilen von dem einen zu dem andern und können nicht bei einem Verlangen stehenbleiben. Einem solchen sind die Tage nicht lang, sondern verhaßt.
S/112

Alles das, was du auf Umwegen zu erreichen hoffst, kannst du schon jetzt haben, wenn du es dir nicht selber versagst.
MA/169

Wer Schlechtes statt Gutem erstrebt, für den ist die Erfüllung seiner Wünsche gefährlich.
S/33

Schwierigkeiten

Rechne mit den Schwierigkeiten; auch das Harte läßt sich erweichen, das Enge erweitern, und das Schwere drückt einen, der es geschickt trägt, weniger. Außerdem darf man die Begierden nicht ins Weite hinausschweifen, sondern nur in die Nähe hinaustreten lassen, weil sie sich nun einmal nicht ganz einschließen lassen.
S/74

Geben wir auf, was entweder gar nicht oder nur schwierig ausgeführt werden kann, halten wir uns an das Naheliegende und unsern Hoffnungen Entgegenkommende, und bedenken wir dabei, daß alles gleich unbedeutend ist, von außen zwar verschiedene Gestalten zeigt, von innen aber gleich nichtig ist.
S/75

Widerstände

Es gibt nichts, was nicht beharrlicher Fleiß, aufmerksame und gewissenhafte Sorgfalt überwinden könnte.
S/226

Gegensätze

Jedes Ding hat zwei Handhaben; je nachdem man es faßt, wird es unerträglich oder erträglich.
E/45

Zweck

Jede Arbeit muß irgendeinen Zweck, irgendeine Absicht haben.
S/80

Jedes Ding ist zu irgendeinem Zweck geworden, das Pferd so gut wie der Weinstock.
MA/108

Denn zwecklos muß man nichts tun.
MA/107

Gewöhne dich daran, soweit du nur kannst, dich bei allem, was einer deiner Mitmenschen tut, zu fragen: »Zu welchem Zweck tut er das?« Mach aber bei dir selber den Anfang und prüfe dich selber zuerst!
MA/152

Gemeinwohl

Wenn dies weder eine Schlechtigkeit von mir noch eine Tat infolge meiner Schlechtigkeit ist, noch das Gemeinwohl dadurch geschädigt wird, was rege ich mich darüber auf? Welchen Schaden hat die Gesamtheit davon?
MA/65

Der Weise

Der Unweise glaubt, daß die Dinge in Wahrheit so schlimm seien, wie sie ihm beim ersten Eindruck erscheinen, und befestigt die zuerst gefaßten Vorstellungen nachträglich noch durch seine bewußte Zustimmung. Der Weise dagegen – mag er auch für einen Augenblick die Farbe gewechselt haben – versagt jenen ersten Eindrücken seine Zustimmung und bewahrt seine Fassung, die er solchen Vorstellungen gegenüber immer angenommen hat.
E/56

Wer dem Geschick sich wohl zu fügen weiß, der kennt, ein weiser Mann, das göttliche Gebot.
E/51

Ratgeber

Denn unsere Ratschläge richten sich nach den Umständen: unsere Umstände aber wechseln, ja verkehren sich.
S/234/235

Die Philosophie ist ein guter Rat: einen Rat aber gibt niemand schreiend.
S/219

Unsere Ratschläge aber irren, weil sie kein bestimmtes Ziel haben.
S/235

Bewußtsein

Es ist zweierlei: handeln und mit Bewußtsein handeln.
E/57

Selbst-Bewußtsein

Wie lange ich sein soll, unterliegt fremder Bestimmung, wie lange ich aber ein Mann sein will, hängt von mir ab.
S/256

Zeit

Gleichwie ein Gespräch oder eine Lektüre oder irgendein tieferer Gedanke die Reisenden täuscht und sie mit Staunen bemerken, daß sie schon angelangt sind: so werden die Vielgeschäftigen diese ununterbrochene und so ungemein rasche Lebensreise, die wir wachend und schlafend mit gleichem Schritte fortsetzen, nicht eher gewahr als am Ziele.
S/101/102

Daher muß man mit der Eile der Zeit durch Schnelligkeit der Benutzung wetteifern und, wie aus einem reißenden Waldbache, der nicht immer strömen wird, rasch schöpfen.
S/101

erkennen

Alles beruht nur auf Meinung.
MA/18

Denn nichts ist so geeignet, eine große Gesinnung zu erzeugen, wie die Fähigkeit, planmäßig und der Wahrheit gemäß ein jedes der uns im Leben begegnenden Dinge zu entlarven.
MA/28

können

Mensch, überlege doch, worum es sich eigentlich handelt. Danach prüfe dich selbst, ob du der Sache gewachsen bist.
E/37

planen

Es gibt eine große Zahl von Menschen, die, im Begriff zur See zu gehen, an den Sturm nicht denken.
S/77

Die meisten jagt, kein sicheres Ziel verfolgend, unstete, unbeständige, sich selbst mißfallende Unbeständigkeit von einem Plan zum andern.
S/91

Auf Kosten ihres Lebens richten sie ihr Leben ein und entwerfen Pläne auf lange Zeit hinaus.
S/101

Wenige gibt es, die sich und das Ihrige nach einem festen Plane ordnen; die übrigen gehen nicht, sondern lassen sich herumtreiben nach Art von Dingen, die auf den Wogen schwimmen.
S/214

Eine gar zu weitgehende Einteilung ist ebenso fehlerhaft wie gar keine. Was bis zu Pulver zerklopft, gleicht einem Mischmasch.
S/251

leisten

Stets wird der saumselige Mensch mit dem Schicksale ringen.
E/77

Wer an Eifer und treuen Streben nur etwas nachläßt, muß rückwärts gehen.
S/239

konzentrieren

Mache nicht viel Worte und zettele nicht vielerlei an.
MA/25

»Treibe nur weniges«, sagt der Weise, »wenn du guten Mutes sein willst.« Ist es nicht besser, nur das Notwendige zu tun und was die Bestimmung des von Natur zu bürgerlicher Gemeinschaft bestimmten Wesens fordert und wie sie es fordert? Denn das bringt nicht nur deshalb guten Mut, weil wir Gutes tun, sondern auch deshalb, weil wir nur weniges tun. Denn wenn man das meiste von dem, was man redet und tut, als unnötig unterläßt, wird man mehr Muße und mehr Seelenruhe haben. Daher muß man sich auch in jedem einzelnen Falle selber daran erinnern: »Dies gehört doch nicht zu den notwendigen Dingen?«
MA/40

tun

Ich habe jetzt, was ich nach dem Willen der Allnatur jetzt haben soll, und ich tue jetzt, was ich nach dem Willen meiner Natur tun soll.
MA/61

Geh immer den kürzesten Weg! Der kürzeste ist aber der gemäß der Natur; all unser Tun und Reden ist dann vollkommen. Ein solcher Vorsatz befreit ja von allen Nöten und Hemmungen und jeder Art von Berechnung und Heuchelei.
MA/49

Raff dich auf, wenn es dir vergönnt ist (so zu handeln), und sieh dich nicht um, ob es auch jemand beachtet!
MA/130

Bewähre deine Worte durch die Tat.
S/210

Was, meinst du, wäre wohl aus Herkules geworden, wenn es keinen solchen Löwen, keine Hydra, keinen solchen Hirsch, keinen wilden Eber, keinen Frevler und wilden Menschen gegeben hätte, die er vertrieb und von denen er das Land befreite? Was hätte er wohl tun sollen, wenn es nichts dergleichen gegeben hätte? Er hätte sich eingewickelt und geschlafen, meinst du nicht auch? Er wäre aber sicherlich nicht der Herkules geworden, wenn er sein ganzes Leben verschlafen hätte.
E/58

Unternimm keine Handlungen blindlings aufs Geratewohl noch auf andere Weise als gemäß den Grundsätzen, deren Befolgung das Wesen der Kunst ausmacht.
MA/32

Man muß sein Leben auf all seinen einzelnen Handlungen aufbauen und sich daran genügen lassen, wenn jede nach Möglichkeit ihr Ziel erreicht.
MA/111

Weder bei deinem Tun eine Sache hinterherschleppen lassen, noch in der Unterhaltung die Dinge durcheinanderwerfen, noch in deinen Vorstellungen planlos umherschweifen.
MA/118

Was du tust, das tu weder gegen deinen Willen noch ohne Menschenliebe noch ohne vorherige Prüfung noch voll inneren Widerstrebens.
MA/25

handeln

Denn lassen wir nicht jede unserer Handlungen auf etwas abzielen, so handeln wir zwecklos, lassen wir etwas nicht auf das Notwendige abzielen, so richten wir nur Unheil an.
E/103

entscheiden

Besser ist das Vorteilhafte.
MA/26

erklären

Wenn ich aber nur das Erklären bewundere, so bin ich eben kein Philosoph, sondern ein Schriftgelehrter oder Philolog.
E/48

aufgeben

Es ist ein großer Unterschied, ob man mit etwas nachläßt oder es aufgibt.
S/87

fähig

Merke: bei allem, was dir begegnet, frage dich selbst: was habe ich demgegenüber für eine Fähigkeit?
E/26

aufrichtig

Wenn du der rechten Vernunft folgst und die Forderung des Tages erfüllst, voll Ernst und Kraft, in guter Gesinnung, und nichts als nebensächlich behandelst, sondern deinen eigenen Dämon rein und lauter bewahrst, als wenn du ihn bereits zurückgeben müßtest – wenn du an diesem Grundsatz festhältst, ohne etwas zu erwarten oder zu fürchten, sondern dir genügen läßt an der gegenwärtigen naturgemäßen Betätigung und der

heroischen Wahrhaftigkeit, in dem, was du sagst und äußerst, dann wirst du glücklich leben. Und niemand gibt es, der das hindern könnte.
MA/29

beharrlich

Wenn für dich eine Sache schwer zu bewältigen ist, darfst du nicht gleich denken, sie sei für Menschen unmöglich; du mußt vielmehr glauben, wenn etwas überhaupt für den Menschen möglich ist und in seinem Bereich liegt, daß es auch für dich erreichbar sei.
MA/72

Springt auf mich los, macht einen Angriff: ich werde euch durch Ausharren besiegen.
S/51

Es wird aber straucheln, wenn es nicht beharrlich fortfährt, weiterzuschreiten und sich zu stemmen.
S/239

Was dir aber das Beste erscheint, daran halte dich, als wärest du von Gott auf deinen Posten gestellt.
E/31

Du wanderst bald dahin, bald dorthin, um die auf dir lastende Bürde abzuwerfen, welche durch dieses Umherwerfen selbst immer lästiger wird.
S/216

bedenklich

Man muß aber nicht nur die unnötigen Handlungen unterdrükken, sondern auch (solche) Gedanken. Denn dann werden auch keine Handlungen folgen, die uns vom Wege ablenken.
MA/40

genügsam

Und dein Herz sei voll Heiterkeit; du bedarfst ja weder der Hilfe, die von außen kommt, noch der Ruhe, die andere geben könnten.
MA/25

gerecht

Wozu das Grübeln und Sorgen, wenn du in der Lage bist zu ergründen, was du zu tun hast, und wenn du es erkennst, dann willig, ohne rechts oder links zu sehen, deinen Weg zu gehen – wenn du es aber nicht erkennst, dann innezuhalten und die besten Ratgeber zu befragen, und wenn dir irgend etwas anderes dabei in den Weg tritt, mit gutem Bedacht auf Grund der vorhandenen Möglichkeiten vorwärtszuschreiten, indem du dich an das hältst, was augenscheinlich gerecht ist?
MA/143

gelassen

Denn ein anderes ist es, die Wichtigkeit und den Wert der Dinge, ein anderes, die rechten Augenblicke zu kennen, und wieder ein anderes, die Triebe zu zügeln und zum Handeln zu schreiten, nicht zu stürzen.
S/253

impulsiv

Sich nicht fortreißen lassen, sondern bei jedem Triebe die Forderung der Sittlichkeit erfüllen und bei jeder (sich uns aufdrängenden) Vorstellung sich sein treffendes Urteil wahren!
MA/39

Denn was nützt es, ein richtiges Urteil über alles im Kopf zu haben, wenn du in deinen Trieben zu heftig bist?
S/253

treu

Kehre vor deiner eigenen Tür! Denn offenbar ist der Fehler auf deiner Seite, sei es, daß du von einem Menschen, der einen solchen Charakter hat, geglaubt hast, daß er die Treue halten würde, oder daß du, wenn du jemandem eine Wohltat erwiesen hast, es nicht ohne Nebenabsicht und nicht in der Einsicht getan hast, daß du schon mit deiner Tat selber deinen ganzen Lohn empfangen hast.
MA/136

glücklich

Gott hat nämlich alle Menschen geschaffen, daß sie glücklich sein, sich wohl fühlen sollen. Dazu hat er ihnen Mittel gegeben, jedem einzelnen besondere.
E/109

präsent

Man muß vielmehr mit seinen Gedanken nur bei dem sein, was gerade jetzt zu tun ist, und dem Werkzeug, mit dem man es tut.
MA/134

Erfolg

Gewöhne dich, auch das zu tun, bei dem du keine Hoffnung auf Erfolg hast. Hat doch auch die linke Hand, die infolge mangelnder Gewöhnung zu anderen Dingen ungeschickt ist, den Zügel stärker in ihrer Gewalt als die rechte. Denn daran ist sie gewöhnt.
MA/172

Sieg

Groß ist der Kampf und herrlich der Sieg, es gilt für die Herrschaft, für Freiheit, für Glück und Seelenfrieden.
E/77

Freiheit

Aber ich will, daß alles geschieht, was und wie ich will. Du bist verrückt, mein Lieber! Weißt du denn nicht, daß die Freiheit etwas Schönes und Herrliches ist? Wenn ich aber das will, was mir gerade einfällt, so ist das nicht herrlich, sondern sehr schlecht.
E/61

Aber ist denn Willkür Freiheit? Durchaus nicht. Wahnsinn und Freiheit sind nicht dasselbe.
E/61

Aber ihr, ihr sitzet da und zittert vor Furcht, es könnte euch etwas zustoßen, oder ihr klagt und weint und jammert über das, was euch zugestoßen ist. Und dann klagt ihr die Gottheit an. Aber die Gottheit hat uns nicht bloß die Kraft verliehen, alles zu ertragen, ohne uns von etwas niederdrücken oder einschüchtern zu lassen, sie hat uns auch die Freiheit gegeben, diese Kraft anzuwenden.
E/59

Angst

So aber zittern wir, wenn eine Gefahr sich naht; der Mut, die Farbe entweicht, unnütze Tränen entfließen uns. Was ist schimpflicher, als just auf der Schwelle der Sorgenlosigkeit ängstlich zu sein?
S/212

Furcht

Eiligst geben wir dem Wahn nach; wir prüfen und untersuchen nicht, was uns in Furcht setzt, sondern zittern und wenden den Rücken.
S/207

Organisation

Kleine Bezirke haben oft durch die Kunst des Verteilens vielen Raum gewährt, und geschickte Anordnung hat oft ein fußbreites Stück Land bewohnbar gemacht.
S/74

Macht

Hüte dich also vor jeder Abneigung gegen alles, was nicht in deiner Gewalt steht, und laß ihr nur ihren Willen bei dem, was naturwidrig ist und in deiner Gewalt steht.
E/22

Theorie

Weg mit den Büchern! Laß dich durch sie nicht länger ablenken! Das darfst du nicht!
MA/12

Pflicht

Wenn du deine Pflicht tust, muß es dir gleichgültig sein, ob du dabei frierst oder warm bist, ob dich der Schlaf übermannen will oder du gut ausgeschlafen hast, ob dich die Leute schmähen oder preisen, ob du stirbst oder irgend etwas anderes tust.
MA/66

Größe

Dergleichen Dinge sind nicht von Natur schwer, wir aber sind schlaff und entnervt. Großes muß auch mit großem Geiste beurteilt werden.
S/237

Haltung

Aufrecht muß man sein, nicht aufgerichtet!
MA/25

Wenn du beim Morgengrauen verdrießlich aufwachst, dann denk daran: »Ich stehe auf zur Arbeit eines Menschen. Und da bin ich schlechter Laune, wo ich mich anschicke, das zu tun, wozu ich da bin und wozu ich auf die Welt gekommen bin? Oder bin ich dazu bestimmt, daß ich im Bette liege und mich

wärme?« »Aber das ist behaglicher!« Bist du etwa zum Behagen geboren?
MA/50

Was bringt dich aus der Fassung? Die Ursache? Faß sie scharf ins Auge! Oder der Stoff? Unterzieh ihn deiner Betrachtung.
MA/132/133

Mittel

Was den Menschen nicht schlechter macht, als er selbst (schon ist), das macht auch sein Leben nicht schlechter, und es schadet ihm weder von außen noch von innen.
MA/35

Den Geldwucherer vertreibt ein in Zahlungsunfähigkeit geratener Schuldner noch nicht vom Markte.
S/246

Ressourcen

So wie große und königliche Reichtümer, wenn sie an einen schlechten Herrn gekommen sind, im Augenblicke verschleudert werden, solche aber, die einem guten Haushalter übergeben sind, durch den Gebrauch sich vergrößern: so hat unser Leben für einen, der es haushälterisch verwendet, einen weiten Spielraum.
S/90

Und doch ist es so leicht, etwas bestimmt Zugemessenes, sei es auch nur wenig, einzuteilen; das gerade muß sorgfältiger bewahrt werden, wovon man nicht weiß, wann es aufhören werde.
S/100

Verstand

Wer aber Verstand besitzt, der findet sein Glück in seinem eigenen Tun.
MA/82

Vernunft

Meine Vernunft ist für mich jetzt das, was das Holz für den Baumeister und das Leder für den Schuhmacher.
E/91

Vorsatz

Wenige können den Vorsatz, den sie gefaßt haben, mit bis nach Hause bringen.
S/262

3. Besitz und Materielles

Drei Schätze haben die Fürsten: ihr
Land, ihr Volk und ihre gesetzlichen
Einrichtungen. Wer aber Perlen
und Edelsteine für Schätze hält,
dem naht das Unheil sicher.

Mong Dsi

Tod

Tod, Verbannung, überhaupt alles, was furchtbar erscheint, halte dir täglich vor Augen. Vor allem den Tod. Das wird dich vor kleinlichen Gedanken bewahren und vor übermäßigen Begierden.
E/31

Sinn

Wer vieles mit Ehrgeiz begehrt, in Übermut verachtet, durch Unbändigkeit errungen, mit Hinterlist erschlichen, aus Habsucht an sich gerissen und in Verschwendung durchgebracht hat, muß notwendig sein Gedächtnis fürchten.
S/102/103

Ich aber wünsche dir den Besitz deiner selbst.
S/218

Denn jedes Wesen verdient Nachsicht, wenn es dem Gut nachjagt, das seiner Art gemäß ist.
MA/160

Wirklichkeit

Es genügt jedoch, im Gedächtnis zu behalten, daß alle Dinge nur nach herkömmlicher Meinung so sind, wie sie sind. Das ist wenig genug.
MA/91

Jetzt

Strömungen und Veränderungen erneuern den Kosmos unaufhörlich, gerade wie der nie versiegende Strom der Zeit die grenzenlose Ewigkeit stets neu werden läßt. Was sollte man da von den Dingen, die in diesem Strom an uns vorüberjagen, wertschätzen, wo man doch keinen festen Standpunkt an ihm gewinnen kann? Das wäre ja gerade, wie wenn sich jemand in einen der vorüberfliegenden Sperlinge verlieben wollte, während er doch schon seinen Blicken entschwunden ist!
MA/69/70

Werte

Nur dem Weisen ist es bekannt, wie hoch eine jede Sache anzuschlagen ist.
S/246

Ideale

Wir pflegen zu sagen, es habe nicht in unserer Macht gestanden, wen wir zu Eltern bekämen, sie seien uns durchs Schicksal zuerteilt; aber nach unserer Wahl heranzuwachsen, das ist uns erlaubt. Es gibt Familien der edelsten Geister: wähle, in welche

du aufgenommen sein willst. Nicht bloß in bezug auf den Namen wirst du an Sohnes Statt angenommen werden, sondern auch in bezug auf das Erbgut selbst; und dieses wirst du nicht auf schmutzige und eigennützige Weise zu hüten haben; es wird größer werden, unter je mehrere du es verteilst. Sie werden dir den Weg zur Ewigkeit zeigen und dich auf einen Platz erheben, von dem niemand dich verdrängen wird. Das ist die einzige Art und Weise, die Sterblichkeit weiter hinauszurücken, ja, in Unsterblichkeit zu verwandeln.
S/110/111

Wünsche

Du wünschest zu wissen, was die Menschen so begierig nach dem Künftigen macht?
S/218

Bedürfnisse

Natürliche Bedürfnisse sind begrenzt; was aus dem Irrwahn entspringt, hat kein Ziel, wo es ende; denn das Falsche hat keine Grenze.
S/209

Als Maß für den Besitz soll jedem das leibliche Bedürfnis gelten, wie der Fuß für den Schuh.
E/44

Die Bedürfnisse des Leibes – Essen, Trinken, Kleidung, Wohnung, Gesinde – befriedige in der einfachsten Weise. Äußeren Glanz und Luxus laß beiseite.
E/41

Begierde

Notwendig muß eine Begierde ins Unermeßliche ausschweifen, die das natürliche Maß einmal übersprungen hat. Dieses näm-

lich hat seine Grenzen, eitle und aus leidenschaftlicher Begierde hervorgegangene Gelüste aber sind ohne Schranken.
S/220

Meinung

Unter den Sätzen aber, die dir unmittelbar zur Hand sein müssen, auf die du dich zurückziehen kannst, sollen die folgenden zwei sein: Erstens, daß die Dinge nicht die Seele berühren, sondern außerhalb dieser regungslos dastehen, daß vielmehr die Beunruhigungen ausschließlich aus der Meinung zu uns kommen. Und zweitens, daß all das, was du hier siehst, beinah schon in Umwandlung begriffen ist und bald gar nicht mehr sein wird.
MA/34

Zeit

Ihre Vergnügungen selbst sind angstvoll und durch mancherlei Schrecken beunruhigt, und in ihrer ausgelassensten Freude beschleicht sie der Gedanke: Wie lange wird sie dauern?
S/112

Wachstum

Was zu viel ist, ist immer vom Übel.
S/73

schenken

Man irrt, wenn man glaubt, daß Schenken eine leichte Sache sei. Es hat recht viel Schwierigkeiten, wenn man mit Überlegung geben und nicht nach Zufall und Laune verschleudern will.
S/44

Wo es auf schändliche Weise weggeworfen wird, ist ein Geschenk übel angebracht. Es wird offene, aber nicht durchlö-

cherte Taschen haben, aus denen vieles herausgeht, aber nichts herausfällt.
S/44

fürchten

Gleich aber stehen der Verlust einer Sache und die Furcht, sie zu verlieren.
S/258

gewinnen

Der Weise wird keinen Groschen über seine Schwelle kommen lassen, der auf unrechte Weise einginge; er wird aber ebenso auch große Schätze als ein Geschenk des Glücks und als eine Frucht seiner Tugend nicht verschmähen noch ihnen den Zutritt versagen.
S/43

Wer sich etwas beilegt, was ihm nicht gehört, ist ein Betrüger, ein eitler Prahler; wer der göttlichen Anordnung nicht gehorcht, soll ein Niedrigstehender, ein Sklave sein, soll von Trauer, Neid und Mitleid erfüllt sein – was schwerer wiegt als alles andere – soll sich unglücklich fühlen und weinen.
E/115

Umsonst ist kein Gewinn.
E/27

verlieren

Das Vergehen ist ebenso notwendig wie das Verlieren, und ebendies ist, wenn wir es einsehen, ein Trost, daß wir mit Gleichmut verlieren, was zum Verlieren bestimmt ist.
S/259

Verlust ist nichts anderes als Verwandlung.
MA/132

Daher muß man bedenken, wieviel geringer der Schmerz ist, nichts zu haben, als zu verlieren, und wir werden einsehen, daß bei der Armut um so weniger Verdruß ist, je weniger sie verlieren kann.
S/69

Mir wird der Reichtum, auch wenn er schwindet, nichts entführen als sich selbst.
S/43

Du würdest z.B. den Verlust deiner Sprachkenntnisse oder deines Musikverständnisses für einen Verlust halten; wenn du aber deine Schamhaftigkeit, Ruhe, Sanftmut verlieren würdest, würdest du das für keinen Verlust halten?
E/70

Sage nie von einem Ding: ich habe es verloren, sondern: ich habe es zurückgegeben.
E/26

freuen

Auf Zerbrechliches stützt sich, wer seine Freude an Dingen hat, die von außen kommen; jede Freude, die von dort eingezogen ist, wird auch wieder hinausziehen.
S/257

Freue dich nicht eitler Dinge.
S/212

besitzen

Was es auch ist, dessen Herr du heißest, es ist nur bei dir, ist nicht dein.
S/259

Das Besitzen wird uns entrissen, das Besessenhaben nie.
S/259

Merke: bei allem, was deine Sinne erfreut, was dir Nutzen gewährt, was du gern hast, sage dir stets, was es eigentlich ist.

Fange bei dem Unbedeutendsten an. Liebst du ein Glas, so sage dir: ich liebe ein Glas. Zerbricht es dann, so wirst du dich nicht weiter aufregen.
E/23

Verlangt ihr aber, daß ich diese meine wahren Güter dahingebe, damit ihr eingebildete Güter erlangt, so seht ihr doch hoffentlich selbst ein, daß ihr unbillige und unverständige Forderungen stellt.
E/33

Alles, was verhindert, weggenommen, erzwungen werden kann, das gehört uns nicht; was keine Hindernisse kennt, das ist unser Eigentum.
E/109

Niemals aber ist es möglich, daß in einem Menschen Glück und Verlangen nach Nichtvorhandenem sich zusammenfinden.
E/112

Denn all diese Dinge pflegen, auch wenn sie für kurze Zeit (in unser Leben) hineinzupassen scheinen, plötzlich über uns Herr zu werden und uns mit sich fortzureißen. Du aber, sage ich, wähle ohne Bedenken und unabhängigen Sinnes das Bessere, und daran halte fest.
MA/26

Denk nicht an das, was dir fehlt, als ob es schon da wäre, sondern wähle von dem, was du hast, (in Gedanken) das dir Kostbarste aus und male dir in Bezug darauf aus, wie heftig du danach verlangen würdest, wenn du es nicht hättest. Hüte dich aber davor, daß du dich daran gewöhnst, es zu überschätzen, weil du eine solche Freude daran hast; denn dann könntest du die Fassung verlieren, wenn es einmal nicht mehr dasein sollte.
MA/90

Warum hast du so glänzenden Hausrat? Warum wird bei dir Wein getrunken, der älter ist als du selbst? Wozu wird er nach

Jahrgängen geordnet? Wozu werden Bäume gepflanzt, die nichts als Schatten geben?
S/37

Alles, was ich besitze, will ich weder auf schmutzige Weise hüten noch verschwenderisch verstreuen; ich will nichts zu besitzen glauben denn als ein gütiges Geschenk; ich will meine Wohltaten weder nach Zahlen noch nach Summen schätzen und nach keinem andern Werte, als der Empfänger ihnen beilegt; nie soll mir das viel sein, was ein Würdiger empfängt.
S/40

Ja, er erklärt, man müsse jene Dinge verachten, nicht damit man sie überhaupt nicht besitze, sondern damit man sie nicht mit Angst besitze.
S/41

Entweder ich irre, oder es ist königlich, unter Geizigen, Betrügern, Räubern und Dieben der einzige zu sein, dem nicht zu schaden ist. Wer am Glücke des Diogenes zweifelt, der kann auch an dem Zustande der unsterblichen Götter zweifeln, ob sie etwa nicht glücklich genug leben, weil sie keine Landgüter und Gärten, keine durch fremde Pflanzer kostspieligen Ländereien, keine großen, auf dem Forum wuchernden Kapitalien besitzen.
S/70

reich

Was braucht der von außen, der alle Schätze in sich hat?
S/36

Der Weise gestattet dem Reichtum nichts, euch gestatten die Reichtümer alles.
S/48

Der Weise achtet sich keinerlei Gaben des Zufalls unwert. Er liebt die Reichtümer nicht, aber er zieht sie der Armut vor; er

nimmt sie nicht in seine Seele, wohl aber in sein Haus auf, und er verschmäht sie nicht, wenn er sie besitzt, sondern hält sie zusammen, und es ist ihm lieb, daß seiner Tugend größere Mittel zu Gebote stehen.
S/42

Wir loben die Rebe, wenn sie die Schößlinge mit Früchten belastet, wenn ihr eigenes Gewicht sie samt der Stütze zu Boden zieht. Wird ihr wohl jemand eine Rebe vorziehen, an welcher goldene Trauben, goldene Blätter hängen?
S/222

glücklich

Wie lange wird sie dauern? In diesem Gefühle haben Könige ihre Macht beweint, und es hat sie nicht die Größe ihres Glücks ergötzt, sondern das einmal bevorstehende Ende desselben erschreckt.
S/112

Je größer das Gut, desto größer die Sorge, und keinem Glücke ist weniger zu trauen als dem gütigsten.
S/113

Halte nie einen für glücklich, der von äußeren Dingen abhängt.
S/257

Merke: Begierde verheißt den Besitz des Begehrten, Abneigung die Vermeidung dessen, wogegen man Abneigung empfindet. Wer trotz der Begierde nicht in den Besitz des Begehrten gelangt, ist unglücklich, und wer trotz seiner Abneigung in etwas verfällt, was er vermeiden möchte, ist auch unglücklich.
E/22

bescheiden

Zu der Natur, die alles gibt und wieder nimmt, sagt der wirklich gebildete und bescheidene Mann: »Gib, was du willst, nimm zurück, was du willst!«
MA/144

stolz

Wenn ein Pferd mit Stolz sagen würde: ich bin schön, so könnte man sich das gefallen lassen. Wenn du aber mit Stolz sagst: ich habe ein schönes Pferd, so bist du eben nur auf einen Vorzug deines Pferdes stolz.
E/24

gierig

Güter des Körpers sind zwar für den Körper gut, aber im ganzen sind sie es nicht.
S/239

Status

Denn alles, was uns durch Zufall zuteil ward, ist unbeständig; je höher etwas gestiegen ist, desto reifer ist es zum Falle; was aber bald fallen wird, macht keinem mehr Freude.
S/113

Beobachte also, ob deine Kleidung und Wohnung einander widersprechen, ob du etwa gegen dich freigebig, gegen die Deinigen knauserig bist, ob du haushälterisch speisest, aber verschwenderisch bauest.
S/210

Wer ist unsinniger als der, welcher bewundert, was augenblicklich auf einen andern übergehen kann?
S/222

Goldene Zügel machen ein Roß nicht besser.
S/222

Er hat eine schmucke Dienerschaft, ein schönes Haus, er besäet weite Äcker und leiht große Summen aus; aber nichts von diesem ist in ihm, sondern alles nur um ihn.
S/222

Denn der Schwindel ist ein arger Betrüger, und gerade dann,

wenn du fest glaubst, du hättest es mit wirklich ernsthaften Dingen zu tun, dann wirst du am meisten betrogen!
MA/69

Macht

Zum Höchsten ist gelangt, wer da weiß, worüber er sich freut, wer sein Glück nicht fremder Macht unterwirft.
S/212

Von dem aber, was in deiner Macht steht und was du etwa begehren könntest, weißt du noch nichts. Beschränke dich auf Neigung und Abneigung, aber laß auch diese nicht übermächtig werden.
E/22

Haltung

Nicht die Sache selbst, sondern die Tugend macht jene Dinge zu Gütern oder Übeln; wo diese erscheint, hat alles gleiche Größe, gleichen Wert.
S/236

Maß

Schwer aber ist es, Maß zu halten in dem, was man für ein Gut ansieht.
S/213

Geld

Seitdem aber dieses Ding, welches so viele Beamte und Richter fesselt, das selbst Beamte und Richter macht, das Geld, in Ehren zu stehen anfing, hat die wahre Ehre der Dinge aufgehört; und zu Käufern und hinwiederum selbst käuflich geworden, fragen wir nicht, wie etwas beschaffen ist, sondern wieviel es kostet.
S/266

Überfluß

Einem großen Geiste kommt es zu, das Große zu verachten und das Mäßige dem Unmäßigen vorzuziehen; denn jenes ist nützlich und der Lebensdauer förderlich, dieses aber schadet durch seinen Überfluß.
S/220

Das Notwendige bemißt der Nutzen; das Überflüssige aber – worauf willst du es beschränken?
S/220

Luxus

Äußeren Glanz und Luxus laß beiseite.
E/41

Schmuck

Warum trägt deine Frau das Vermögen eines wohlhabenden Hauses an ihren Ohren?
S/37

Bücher

Man schaffe sich daher so viele Bücher an, als genug sind, aber keines des bloßen Prunkes wegen.
S/73

4. Individuum und Gemeinschaft

Was ist ein Herrscher? Einer, der Gemeinschaft bilden kann.
Hsün-Tzu

Tod

Und wie viele ganze Städte sind, sozusagen, gestorben: Helike, Pompeji und Herkulaneum und unzählige andere! Denk auch

an die vielen, die du selber noch gekannt hast, wie einer nach dem anderen starb! Der eine, der diesen bestattet hatte, mußte dann selber daran glauben; der andere nach dem Begräbnis eines anderen. Und alles in ganz kurzer Zeit!
MA/47

Sinn

»Es ist mir nicht vergönnt, mir selbst zu leben!« Warum sollte es dir nicht vergönnt sein? Alle jene, die dich um Beistand anrufen, entführen dich dir selbst.
S/98

Ich bin ein Teil des Ganzen, das von der Natur durchwaltet wird. Und zweitens, daß ich in irgendeinem engen Verhältnis zu den verwandten Teilen stehe. Denn wenn ich daran denke, daß ich ein Teil bin, werde ich mich über nichts grämen, was mir von dem Ganzen zugeteilt wird. Denn es kann nichts, was dem Ganzen nützlich ist, dem Teile schaden.
MA/138/139

Du willst einem Menschen gefallen, der sich selber nicht gefällt?
MA/118/119

Es ist lächerlich, die eigene Schlechtigkeit nicht zu fliehen, was doch möglich ist, dagegen die seiner Mitmenschen zu fliehen, was doch unmöglich ist.
MA/101

Wie töricht sind doch die Menschen! Diejenigen, die mit ihnen zu gleicher Zeit und mit ihnen zusammen leben, die wollen sie nicht preisen; sie selber aber legen den größten Wert darauf, von den Nachkommen gepriesen zu werden, die sie niemals gesehen haben oder sehen werden!
MA/71

Freiheit

Wer frei sein will, soll also weder erstreben noch vermeiden wollen, was in eines andern Macht steht, es sei denn, daß er ein Sklave werden möchte.
E/28

Gerechtigkeit

Man muß alles tun, um so dankbar als möglich zu sein; denn dies kommt uns selbst zugute, wie auch die Gerechtigkeit nicht, wie man gewöhnlich glaubt, sich bloß auf andere erstreckt; ein großer Teil derselben wirkt auf sich selbst zurück.
S/247

Nutzen

Ich bin dankbar, nicht, weil es nützt, sondern weil es mir Freude macht.
S/248

Wenn nun einem andern etwas anderes als Münze gilt und es zeigt ihm das jemand vor, so gibt er dafür, was man von ihm haben will.
E/79

Grundsätze

Und wisse, wenn du standhaft bei deinen Grundsätzen bleibst, so werden die, die dich früher verlachten, dich alsbald verehren. Gibst du ihnen aber nach, so werden sie nur noch mehr über dich lachen.
E/31

Menschen

Du jedoch bedenke die Gefahr, die vom Menschen ausgeht, so, daß du zugleich bedenkest, was des Menschen Pflicht sei. Das

eine fasse ins Auge, um nicht verletzt zu werden, das andere, um nicht zu verletzen.
S/260

Hüte dich davor, daß du solche Gefühle gegenüber Unmenschen hast wie diese gegenüber den Menschen.
MA/99

Fasse Liebe zum Menschengeschlecht.
MA/91

Dich selbst aber mache weder zum Herrn noch zum Sklaven irgendeines Menschen.
MA/42

Worüber regst du dich denn auf? Über die Schlechtigkeit der Menschen? Ruf dir den Satz ins Gedächtnis, daß die vernünftigen Wesen um einander willen da sind und daß Duldsamkeit gegenüber seinen Mitmenschen zur Gerechtigkeit gehört, und daß sie ja wider ihren Willen fehlen; bedenk auch, wie viele schon miteinander verfeindet, voll Argwohn und Haß gegeneinander, ja auf Leben und Tod miteinander gekämpft und sich dann zum letzten Male ausgestreckt haben und zu Asche geworden sind! Daran denke und komm doch endlich zur Ruhe!
MA/33

Gemeinschaft

Beide sind in gleicher Weise fahnenflüchtig; der eine, der sich hat einschüchtern lassen, und der andere, der sich demjenigen hat entfremden lassen, der von Natur ihm verwandt und freund ist.
MA/158

Wie du selber zur Verwirklichung der menschlichen Gesellschaft beitragen kannst, so soll auch jede Handlung von dir zur Verwirklichung der menschlichen Lebensgemeinschaft beitragen. Daher zerreißt jede Handlung von dir, die keine innere

Beziehung – sei es unmittelbar oder mittelbar – zu dem Ziele der Lebensgemeinschaft hat, das menschliche Leben, zerstört seine Einheit und ist ein Grund seines Zwiespalts, gerade wie derjenige, der innerhalb der Volksgemeinschaft, soviel an ihm liegt, sich von einem solchen Zusammenklang trennt.
MA/128

Den Dingen, mit denen du durch das Schicksal verkettet bist, denen passe dich an. Und die Menschen, mit denen dich das Geschick zusammengestellt hat, die habe lieb, aber von Herzen!
MA/77

Das Heil des vernunftbegabten Lebewesens ist nun die Gemeinschaft.
MA/59

Verzettele nicht den Rest deines Lebens mit Nachdenken über andere Menschen – falls du damit nicht die Beziehung auf einen gemeinnützigen Gedanken verbindest.
MA/23

Freundschaft

Nichts jedoch erquickt den Geist so sehr wie treue und innige Freundschaft.
S/68

Nichts widerwärtiger als Wolfsfreundschaft.
MA/160

Ein Zweig, der von dem Ast, an dem er haftet, abgehauen ist, muß unweigerlich auch von dem ganzen Baum abgehauen sein. Genau so ist auch ein Mensch, der von einem einzigen Menschen abtrünnig geworden ist, von der ganzen menschlichen Gemeinschaft abgefallen.
MA/157

Achte darauf, wie die Gesinnung seiner Verehrer beschaffen ist und was für Dinge sie meiden, was für Dingen sie nachjagen.
MA/92

Denn wisse: ist einer unrein, so wird auch der beschmutzt, der mit ihm umgeht, mag er selbst auch rein gewesen sein.
E/41

Was zieht ihr vor? Geld oder einen treuen würdigen Freund?
E/33

Identität

Niemand gehört sich selbst an.
S/218

So wie schlechte Theatersänger nicht allein singen können, sondern nur mit vielen zusammen, so können manche nicht allein sein. Mensch, wenn du einer sein willst, geh auch allein und sprich mit dir und verkrieche dich nicht im großen Haufen.
E/84

Andere

Wenn du dir selber eine Freude machen willst, dann denk an die Vorzüge deiner Mitmenschen: bei dem einen an seine Tatkraft, bei dem anderen an seine Bescheidenheit, bei dem dritten an seine Freigebigkeit, bei einem anderen an anderes.
MA/81

Willst du wie unvernünftige Weiber mit allen, deren Umgang du dich erfreust, zusammensein, als gäbe es keine Trennung?
E/110

Wer sich mit andern viel abgibt, sei es im Gespräch oder in Gelagen oder sonstwie, der muß entweder selbst jenen ähnlich werden oder jene zu seiner Anschauung zu bekehren wünschen.
E/84

Image

Wie der ein Tor ist, der, wenn er ein Pferd kaufen will, nicht dies selbst besieht, sondern nur die Reitdecke und das Riemen-

zeug, so ist derjenige der allergrößte Tor, der den Menschen nach seinem Kleide schätzt oder nach seinem Stande, der uns gleich einem Kleide umgibt.
S/225

Denn der Dünkel, der sich etwas dünkt ob seiner Dünkellosigkeit, der ist von allen der schlimmste.
MA/178

Geflissentliches Zurschautragen von Biederkeit ist ein versteckter Dolch.
MA/160

Was ist denn überhaupt ein »ewiges Andenken«! Ein leerer Schall!
MA/43

Referenz

Stets darüber nachdenken, was das für Leute sind, von denen du möchtest, daß sie für deine Person Zeugnis ablegten, und wie ihre Denkweise ist. Denn dann wirst du weder denen zürnen, die wider ihren Willen fehlen, noch wirst du einer Bezeugung ihrerseits bedürfen, wenn du auf die Quellen ihrer Meinungen und Begierden siehst.
MA/98

PR

(Denk daran,) was das für Menschen sind, denen sie gefallen wollen, und aus was für Beweggründen und durch was für Handlungen! Wie schnell wird die Zeit alles verhüllen, und wie vieles hat sie schon verhüllt!
MA/83

Was hat denn überhaupt Wert? (Von den Menschen) beklatscht zu werden? Nein. Also auch nicht, von den (menschlichen) Zungen gerühmt zu werden. Denn der gute Ruf bei der Menge ist nur ein Beifallklatschen von Zungen.
MA/70

Wer sind die denn, deren Meinungen und Äußerungen einen berühmt machen?
MA/17

Status

Wisse: sobald du dich mit der Außenwelt einlässest und einem da draußen zu gefallen wünschest, so hast du deinen Halt verloren.
E/32

Wandel

Überhaupt, die menschlichen Dinge stets als Eintagsdinge betrachten, als Dinge ohne Belang: gestern noch ein bißchen Schleim, und morgen schon Mumie oder Asche! – Diese winzige Spanne Zeit also gemäß der Natur durchwandern und heiteren Gemüts zur Ruhe gehen, wie wenn die Olive, die reif vom Baume fällt, die Mutter Erde priese und dem Baume Dank wüßte, der sie getragen hat.
MA/47

Selbst-Bewußtsein

Ich habe mich oft darüber gewundert, wie jeder sich selber mehr liebt als alle anderen Menschen, dagegen seine eigene Meinung über sich selber geringer wertet als die der anderen Menschen über ihn.
MA/171

Sieh dich nicht danach um, was andere Menschen denken!
MA/96

Aber man muß dahin streben, sich selbst genug zu sein, sich nur mit sich beschäftigen zu können.
E/81

Tust du etwas in der Überzeugung, daß du es tun mußt, so

schäme dich nicht, dabei gesehen zu werden, und kümmere dich nicht um das Urteil der andern.
E/43

Sagt jemand zu dir: der oder jener hat dir Übles nachgeredet, so rechtfertige dich nicht erst lange, sondern antworte: er kennt eben meine anderen Fehler nicht, sonst hätte er wohl noch mehr gesagt.
E/41

mitteilen

Sprich, wenn die Umstände es erfordern; aber nicht über die gewöhnlichen Gegenstände der Unterhaltung, über Zirkusspiele, Wettrennen, Ringkämpfer, über Essen und Trinken. Vor allem sprich nicht über deine Mitmenschen, sei es tadelnd, oder lobend, oder vergleichend. Vermagst du es, so lenke das Gespräch auf einen würdigen Gegenstand. Bist du aber unter Andersgesinnten, so schweige.
E/40

freuen

Woran sich der große Haufen ergötzt, das gewährt nur ein geringes und oberflächliches Vergnügen.
S/213

führen

Herr des Himmels, erweisen denn diejenigen, die zwei oder drei heulende Kinder in die Welt setzen, der Menschheit einen größeren Dienst als diejenigen, die die andern Menschen, soviel sie können, beaufsichtigen: was sie machen, wie sie leben, womit sie sich beschäftigen, was sie vernachlässigen?
E/99

gewinnen

Wer sich geschädigt glaubt, kann unmöglich dem Urheber des Schadens gewogen sein, ebensowenig, wie er sich über den Schaden freut. So kommt es, daß ein Sohn seinen Vater verwünscht, wenn er ihn nicht teilnehmen läßt an dem, was er für ein Gut hält. Die Brüder Polynikes und Eteokles verfeindeten sich, weil sie beide die Tyrannis für ein Gut hielten. Aus demselben Grunde schmäht der Bauer, der Seefahrer, der Kaufmann die Götter, aus demselben auch der Mensch, der Weib und Kind verliert.
E/38/39

loben

Gleich, wenn du vom Schlaf erwachst, dich fragen: »Wird es dir etwas ausmachen, wenn ein anderer tut, was gerecht und schön ist?« Nein. »Hast du vergessen, daß diese Menschen hier, die sich mit ihrem Lob und Tadel über andere aufspielen, solch elende Wichte im Bett oder bei Tisch sind: was für Dinge sie tun, was für Dinge sie meiden, wo sie hinterher sind, was für Dinge sie stehlen und rauben – nicht mit Händen und Füßen, sondern mit ihrem kostbarsten Teile, durch den, wenn einer nur will, Treue, Ehrfurcht, Wahrhaftigkeit, Gesetz, gute Gesinnung im Menschen entstehen?«
MA/144

Wenn (dein Mitmensch) irrt, belehre ihn freundlich eines Besseren, und mach ihm seinen Fehler klar. Wenn du das aber nicht kannst, dann gib dir selber die Schuld oder nicht einmal dir selber.
MA/138

Die Sünde eines anderen muß man auf sich beruhen lassen.
MA/127

Du willst von einem Menschen gelobt werden, der dich selber dreimal in der Stunde verwünscht?
MA/118

weise

Alle Menschen stammen, wenn wir auf den ersten Ursprung zurückgehen, von den Göttern her.
S/223

Ich verdiene nicht, mich selber zu kränken. Ich habe ja auch nie einen anderen absichtlich gekränkt.
MA/114

Du mußt nicht den Anschein erwecken, als verständest du etwas Rechtes. Und wenn es andern so scheint, so mißtraue dir selbst.
E/27

aufrichtig

Welch falscher und verdorbener Mensch ist doch der, der sagt: »Ich bin entschlossen, mit dir offen und ehrlich zu verkehren!« – Was tust du, Mensch? So etwas darf man nicht vorher sagen! Das wird sich gleich zeigen.
MA/159

generös

Denn es irrt, wer lieber Wohltaten annimmt als erweist.
S/247

beharrlich

Es ist nichts Wunderbares, bei völliger Ruhe nicht erschüttert zu werden; das aber bewundere, wenn einer sich aufrichtet, wo alle niedergeschlagen sind, wenn er steht, wo alle zu Boden liegen.
S/237

begabt

Oder bist du etwa gezwungen, über dein Schicksal zu murren, knickerig zu sein, zu schmeicheln, die Schuld auf den Körper

zu schieben, vor den Menschen zu kriechen, zu prahlen und deiner Seele so vielerlei Unruhe zu machen, weil deine Begabung unzureichend ist?
MA/52

mobil

Willst am selben Orte, mit denselben Menschen in derselben Gesellschaft hocken bleiben?
E/110

präsent

Was aber einer über ihn sagt oder denkt oder gegen ihn tut, daran denkt er überhaupt nicht, denn er findet seinen Frieden in diesen zwei Dingen: wenn er selber nur gerecht handelt in dem, was er jetzt tut, und mit dem, was ihm jetzt (durch das Schicksal) zugeteilt wird, innerlich zufrieden ist.
MA/143

einsam

Doch muß man beides verbinden und damit abwechseln, Einsamkeit und Geselligkeit. Jene wird in uns Sehnsucht nach Menschen, diese nach uns selbst erwecken, und eins wird ein Heilmittel des andern sein.
S/86

angegriffen

Auf dem Ringplatz zerkratzt uns wohl einer sogar mit den Nägeln und versetzt uns durch plötzlichen Ausfall einen Stoß mit seinem Kopfe. Aber das vermerken wir nicht übel oder nehmen daran irgendwie Anstoß. Wir nehmen uns auch danach vor ihm nicht in acht, als wenn er ein wirklicher Feind wäre. Auf der Hut sind wir freilich, aber nicht wie vor einem persönlichen Feind und auch nicht voll Argwohn, sondern wir meiden nur

mit gutem Humor seine Schläge. So soll es auch in den anderen Bereichen des Lebens sein. Vieles müssen wir bei unseren Ringkameraden sozusagen unbeachtet lassen. Denn es ist, wie gesagt, möglich, auszuweichen, ohne Argwohn oder Haß (gegen die Mitmenschen) zu hegen.
MA/72

Wenn dich einer kränkt mit Wort oder Tat, so tut er's im Glauben, er müsse es tun. Er kann unmöglich deinen Vorstellungen folgen, sondern nur seinen eigenen. Hat er nun falsche Vorstellungen, so ist der Schaden sein, denn er täuscht sich selbst.
E/45

stolz

Sei nicht auf fremde Vorzüge stolz!
E/24

Neid

Neidisch stellt ihr das Strahlende neben euren Schmutz und seht nicht ein, mit welchem Nachteil für euch ihr solches tut. Denn wenn die, welche der Tugend folgen, habsüchtig, wollüstig, ehrgeizig sind, was seid dann ihr, denen sogar der Name der Tugend verhaßt ist?
S/39

Der Neid geht nur auf das Naheliegende, das Fernstehende wird aufrichtiger bewundert.
S/111

Rache

Bedenke, wieviel schlimmer die Folgen unseres Zorns und unseres Grams über solche Handlungen (unserer Mitmenschen) sind als diese Handlungen selber, über die wir in Zorn oder Gram geraten.
MA/162

Die beste Art, sich zu rächen, ist die, nicht Gleiches mit Gleichem zu vergelten.
MA/67

Tugend

Ich meine, daß alle Tugenden ihren Lohn in sich selbst haben. Denn man übt sie nicht des äußeren Lohnes wegen; sie getan zu haben ist der Lohn der guten Tat.
S/248

Die Tugend wird nicht verlernt.
S/227

Haltung

Jene reine und an sich selbst schöne Natürlichkeit dagegen, die ihren Sitten keinen Mantel umhängt, wieviel Vergnügen gewährt sie!
S/86

Wie beträgst du dich bis jetzt gegen die Götter, deine Eltern, deine Brüder, deine Gattin, Kinder, Lehrer, Erzieher, Freunde, Verwandte und Sklaven? Kannst du ihnen allen gegenüber bis jetzt das Dichterwort von dir sagen: »Niemandem etwas Arges getan oder gesagt zu haben«?
MA/63

Nimm einen bestimmten Charakter an und eine Haltung, die du niemals aufgibst, ob du mit dir allein bist oder mit anderen Menschen zusammen.
E/40

Du würdest unwillig sein, wenn jemand dem ersten besten auf der Straße deinen Körper überließe. Daß du aber dem ersten besten dein Gemüt überläßt, so daß es über seine Schmähungen in Aufregung gerät, dessen solltest du dich nicht schämen?
E/35

Masse

Sokrates nannte auch die Meinungen der Masse Gespenster, womit man die Kinder schreckt.
MA/165

Erfahrung

Wenn es dir Vergnügen macht, von bestandenen Gefahren zu erzählen, braucht es anderen noch lange nicht angenehm zu sein, zu hören, was dir begegnet ist.
E/42

Macht

Wenn wir aber nur das, was in unserer Macht steht, für gut und böse halten, dann bleibt keinerlei Ursache übrig, mit Gott zu hadern oder Feind eines Menschen zu sein.
MA/78

Vorbilder

Zwar ist die Lage aller Vielgeschäftigen eine traurige, die traurigste jedoch jene derer, die sich nicht einmal mit ihren eigenen Geschäften abmühen, sich beim Schlafen nach dem Schlafe eines andern, beim Spaziergehen nach dem Schritte eines andern, beim Essen nach dem Appetit eines andern richten, die sich das Lieben und Hassen, das Freieste von allem, von einem andern befehlen lassen. Wollen diese Menschen erkennen, wie kurz ihr eigenes Leben ist, so mögen sie bedenken, welch ein kleiner Teil davon ihnen gehört.
S/116

Du hast also keinen Grund, diese Dienste irgend jemandem als etwas anzurechnen, weil du ja eigentlich nicht einem andern angehören wolltest, sondern nur mit dir selbst nichts anzufangen wußtest.
S/92

Dringe in ihre Seelen ein; dann wirst du sehen, was für Richter du fürchtest und was für Richter sie über sich selber sind.
MA/127

Denn, hast du dich erst einmal einem anderen zugeneigt und bist von deinem Weg abgewichen, dann wirst du nicht mehr ungehindert jenes eigentümliche Gut, was dir persönlich gehört, vorziehen können.
MA/26

Rollen

Ein Lautenspieler muß sich wie ein Lautenspieler, ein Baumeister wie ein Baumeister, ein Philosoph wie ein Philosoph, ein Redner wie ein Redner benehmen.
E/103/104

Konflikt

Dir kann ja ein anderer nicht schaden, wenn du es selbst nicht willst. Du bist geschädigt, wenn du glaubst, es zu sein.
E/38

Wenn dich einer reizt, so bedenke, daß es deine Vorstellung ist, die dich reizt. Suche es deshalb vor allem dahin zu bringen, daß deine Vorstellung dich nicht fortreißt.
E/31

Fehler

Es ist jedoch besser, die Sitten der Menge und die Fehler der Menschen mit Gelassenheit aufzunehmen und darüber weder zu lachen noch zu weinen. Denn sich fremder Mängel wegen zu quälen ist ewiges Elend, sich an fremden Übeln zu ergötzen ein des Menschen unwürdiges Vergnügen.
S/84

Wenn du an dem Fehler eines anderen Anstoß nimmst, dann

wende dich alsbald zu dir selber und überlege, ob du ähnliche Fehler hast.
MA/148

Dank

Daher behaupte ich, daß niemand Dank zu erwidern verstehe als der Weise, so wie auch niemand eine Wohltat zu erweisen versteht als dieser, indem er nämlich sich mehr freut zu geben, als ein anderer, zu empfangen.
S/247

Undankbar ist, wer eine Wohltat ohne Zinsen zurückzahlt.
S/274

(So sind die Menschen:) Der eine ist gleich geneigt, wenn er jemandem eine Freundlichkeit erwiesen hat, auf seinen Dank zu rechnen. Der andere rechnet hierauf freilich nicht, aber er denkt doch bei sich an seinen Nächsten wie an seinen Schuldner und weiß, was er getan hat. Ein dritter aber weiß gewissermaßen gar nicht, was er getan hat, sondern er gleicht einem Weinstock, der Trauben getragen hat und nichts weiter verlangt, nachdem er einmal seine Frucht getragen hat: wie ein Pferd, das seinen Lauf vollendet, ein Hund, der das Wild aufgespürt, eine Biene, die den Honig erzeugt hat.
MA/52

5. Ergebnisse und (Miß-)Erfolge

Wer andere besiegt, hat Kraft;
wer sich selbst besiegt, ist stark.
Wer andere kennt, ist klug;
wer sich selbst kennt, ist weise.

Laotse

Sinn

Der größere Teil deines Lebens, wenigstens der bessere, möge dem Staate gewidmet sein; etwas von deiner Zeit aber nimm auch für dich selbst.
S/114

Was ist dein Beruf? »Gut zu sein«. Wie aber ist das anders möglich als auf Grund von Einsichten, von denen die einen die Natur des Weltganzen, die anderen die eigentümliche Bestimmung des Menschen betreffen?
MA/155/156

Sieh auf dein Inneres! Denn da ist die Quelle des Guten, die stets wieder aufsprudeln kann, wenn du stets wieder nachgräbst.
MA/98

Schärfe des Geistes können die Leute an dir nicht bewundern. Mag sein! Aber doch vieles andere, bei dem du nicht sagen kannst: »Ich bin dafür nicht begabt.« Leiste also das, was ganz in deiner Macht steht: Lauterkeit des Charakters, Würde, Ausdauer, Verachtung der Sinnenlust, Zufriedenheit mit deinem Schicksal, Bedürfnislosigkeit, Güte, Unabhängigkeit des Urteils, ungekünsteltes Wesen.
MA/51/52

Was redest du für ungereimtes Zeug: ich bin reicher als du, folglich bin ich besser als du. Oder: ich bin beredter als du, folglich bin ich besser als du. – Du solltest vielmehr sagen: ich

bin reicher als du, folglich ist mein Besitz besser als der deine. Ich bin beredter als du, folglich ist meine Beredsamkeit besser als die deine. Du selbst bist doch weder Besitz noch Beredsamkeit.
E/46

Schicksal

Aber das, was aus sich selbst entsprungen, ist treu und fest, nimmt zu und begleitet uns bis ans Ende; das übrige, was dem großen Haufen Bewunderung erregt, ist nur dann fruchtbringend und angenehm, wenn derjenige, der es besitzt, auch sich selbst in Besitz hat und nicht in der Gewalt seiner Habseligkeiten ist. Denn diejenigen irren, welche glauben, daß das Schicksal uns irgendein Gut oder Übel zuerteile; dieses gibt uns nur den Stoff zu Gütern und Übeln und den Keim von Dingen, die bei uns zu einem Gut oder Übel erwachsen sollen. Denn mächtiger als alles Schicksal ist die Seele! Sie wendet ihre Begegnisse selbst nach beiden Seiten hin und ist sich selbst die Ursache zu einem glücklichen oder unglücklichen Leben.
S/257

Freiheit

Und schimpflicher ist doch keine Sklaverei als eine freiwillige.
S/225

Fortschritt

Niemand findet den Fortschritt da, wo er ihn verlassen hatte.
S/239

Ein großer Teil des Fortschritts ist es schon, fortschreiten zu wollen.
S/239

Gerechtigkeit

Ich sehe in der Naturanlage des vernünftigen Wesens keine Tugend, die der Gerechtigkeit feind wäre.
MA/113

Kunst

Alle Kunst ist Nachahmung der Natur.
S/229

Alle Künste aber schaffen des Höheren wegen das Geringere.
MA/158

Jede Kunst ist einem Laien, wenn sie vorgetragen wird, langweilig.
E/71

Grundsätze

Ergreife ein für allemal eine Richtschnur, nach der du lebst, und nach dieser bringe dein ganzes Leben ins gleiche.
S/210

Meinung

Nichts will ich der Meinung, alles meiner Überzeugung wegen tun.
S/40

Bedingungen

Niemand soll dich mehr das Leben am Hof anklagen hören, auch du nicht dich selber!
MA/106

Standpunkt

Zu zweierlei mußt du stets bereit sein: erstens dazu, nur das zu tun, was dir deine Vernunft in ihrer königlichen und gesetzgeberischen Kraft zum Wohl der Menschheit eingibt, zweitens zur

Änderung deines Standpunktes, falls nämlich jemand da ist, der dich berichtigt und von einer falschen Meinung abbringt. Die Bekehrung muß freilich stets auf Grund wirklicher Überzeugung erfolgen, daß der Standpunkt (des andern) gerecht oder gemeinnützig ist, und die Gründe dürfen nur solcher Art sein; daß dir eine Sache angenehm oder ehrenvoll erscheint, darf überhaupt kein Motiv für dich sein.
MA/36

Ansichten

Verkriecht euch also irgendwo weit weg von der Sonne, solange eure Ansichten weich wie Wachs sind.
E/85

Vorstellung

Merke: nicht wer dich schmäht, und nicht wer dich schlägt, kränkt dich, sondern nur deine Vorstellung, als ob sie dich kränkten.
E/31

Ratgeber

Nahe also den Göttern getrost, wie deinen Ratgebern.
E/39

Der Weise

Der Geist des Weisen umfaßt zwar ihre ganze Masse und durchläuft sie mit einem Blicke ebenso schnell als unsere Augen den Himmel; uns anderen aber, die noch die Finsternis durchbrechen müssen und deren Gesicht schon für das Nächste nicht ausreicht, kann alles leichter einzeln gezeigt werden, da wir das Ganze noch nicht zu erfassen vermögen.
S/250

Persönlichkeit

Denn einesteils tritt vieles ein, was uns wider unsern Willen in unserer wahren Gestalt zeigt, andernteils ist, auch wenn eine noch so große Aufmerksamkeit auf sich selbst gelingt, das Leben solcher, die beständig eine Maske tragen, doch keineswegs ein angenehmes, sorgenfreies.
S/85/86

Identität

Dieser nämlich, voll feurigen Ungestüms, wie die Natur ihn wollte, schauerlich-schön, dessen Schmuck ist, daß man ihn nicht ohne Angst ansehen kann, wird jenem Ermatteten und mit Goldflitter Behangenen weit vorgezogen. Jeder soll sich nur des Seinigen rühmen.
S/222

Was aber jedem Wesen gemäß seiner Natur ist, das entspricht mehr seiner Eigenart, ist ihm angeboren und daher auch lieber.
MA/106

Mag einer sagen oder tun, was er will – ich für meine Person muß gut sein. Gerade, wie wenn das Gold oder der Smaragd oder der Purpur das immer sagte: »Was auch einer sagt oder tut, ich muß Smaragd sein und meine eigene Farbe behalten.«
MA/87

Meisterschaft

Denn die Philosophie empfing Plato nicht als einen Adeligen, sie machte ihn dazu.
S/223

Ist irgend etwas Gutes an der Philosophie, so ist es das, daß sie auf keinen Stammbaum sieht.
S/223

Dies sei das Geschäft unseres Geistes: alles, was ihn unterstützt

hat, halte er verborgen, nur was er selbst geschaffen, zeige er.
S/249

Neue Beschäftigungen treten an die Stelle der alten, eine Hoffnung erweckt die andere, ein eitles Streben das andere.
S/113

Zu den herrlichsten Dingen, die aus der Finsternis ans Licht gezogen wurden, gelangen wir durch fremde Anstrengungen; kein Jahrhundert ist uns verschlossen, zu allen haben wir Zutritt, und wenn wir Lust haben, hohen Sinnes über die Beschränktheit menschlicher Schwäche hinauszugehen, so haben wir einen großen Zeitraum, den wir durchwandern können.
S/109

Wer Großes versucht, ist bewundernswert, auch wenn er fällt.
S/39

Beim Schreiben und Lesen wirst du nicht eher Vorschriften machen können, als bis du gelernt hast, Vorschriften zu befolgen. Und das gilt noch viel mehr im Leben überhaupt!
MA/166

Siehst du nicht, wie die schlichten Handwerker sich zwar bis zu einem gewissen Grade den Wünschen der Laien anpassen, aber doch an dem Gesetz ihrer Kunst festhalten und davon unter keinen Umständen abweichen?
MA/76

Denn jede Kunst zielt darauf ab, daß das von ihr Hergestellte zu dem Werk geeignet ist, für das es hergestellt ist.
MA/70

Wandel

Alles in Wandlung; auch du in ständiger Wandlung und in gewissem Sinne im Untergang, und ebenso der gesamte Kosmos.
MA/127

Selbst-Entwicklung

Wer fortschreitet, ist zwar noch unter der Zahl der Törichten, aber dennoch durch einen großen Abstand von ihnen getrennt.
S/241

Je mehr die Seele aufnimmt, desto mehr erweitert sie sich.
S/261

Daher scheide dich aus vom großen Haufen und ziehe dich, nachdem du so lange und so viel herumgeworfen worden bist, in den ruhigen Hafen zurück.
S/114

Nichts Erhabenes und Hohes kann er erreichen, solange er bei sich selbst ist; abweichen muß er vom Gewöhnlichen, sich aufwärts schwingen, in die Zügel knirschen und seinen Lenker mit sich reißen und ihn dahin führen, wohin zu steigen er für sich selbst wohl nicht gewagt hätte.
S/88/89

Jede Natur findet ihr Genügen in sich selber, wenn sie gedeiht.
MA/105

Niemand kann dich hindern, nach dem Gesetz deiner Natur zu leben; gegen das Gesetz der Allnatur aber wird dir nichts widerfahren.
MA/83

Gegenstand der Behandlung für einen gebildeten Menschen sind seine höchsten Seelenkräfte.
E/78

Sich bilden heißt demnach, alles so zu wollen, wie es geschieht.
E/62

Selbst-Akzeptanz

Keiner gehört sich selbst; einer reibt sich auf für den andern. Frage nach jenen, deren Namen man auswendig lernt: der eine

lebt diesem, der andere jenem. Keiner gehört sich selbst. Der Unwille mancher ist ganz widersinnig; sie klagen über die Vornehmtuerei der Höhergestellten, weil sie keine Zeit für sie hatten, wenn sie ihnen ihren Besuch machen wollten. Kann es jemand wagen, der für sich selbst nie Zeit hat, über den Stolz eines andern zu klagen? Jener, wer er auch sei, hat doch wenigstens zuweilen, wenn auch mit übermütiger Miene, nach dir hingeblickt und sein Ohr zu deinen Worten herabgelassen; er hat dich an seine Seite genommen; du aber hast dich noch nie für wert gehalten, dich selbst anzuschauen, dich selbst anzuhören.
S/92

Selbst-Bewußtsein

Wie lange willst du es noch hinausschieben, dich des Besten für wert zu halten und in keinem Falle die Vernunft außer acht zu lassen, die zwischen Gut und Böse unterscheidet?
E/49

lernen

Wie die Wolle manche Farben gleich auf das erstemal annimmt, andere aber nicht anders einsaugt als mehrmals darin eingeweicht und gesotten, so betätigt auch der Geist einige Lehren, sobald er sie in sich aufgenommen hat, diese aber leistet nichts von dem, was sie versprochen hat, wenn sie nicht tief eingedrungen ist, schon lange festsitzt und den Geist nicht bloß oberflächlich gefärbt, sondern mit Farbstoff gesättigt hat.
S/238/239

Die Speisen, die wir zu uns nehmen, belästigen, solange sie in ihrer Eigentümlichkeit beharren und als feste Masse im Magen schwimmen; erst dann, wenn sie aus ihrem früheren Zustande in einen andern übergegangen sind, verwandeln sie sich in Blut und Kräfte. Ebenso laß uns mit dem, wodurch unser Geist ge-

nährt wird, verfahren, daß wir nämlich nichts von allem, was wir darin aufgenommen haben, in seinem unveränderten Zustande lassen, damit es nicht Fremdartiges bleibe. Wir müssen es verdauen, sonst wird es nur ins Gedächtnis, nicht in den Geist eingehen. Wir müssen ihm mit fester Überzeugung beistimmen und es uns aneignen, so daß aus dem Vielen ein Ganzes wird, wie aus mehreren einzelnen Zahlen eine wird, wenn die Berechnung kleinere und getrennte Summen in eine zusammenfaßt.
S/249

Halte also fest, womit du begonnen hast, und du wirst vielleicht zum Höchsten gelangen oder doch zu dem, wovon du allein erkennst, daß es noch nicht das Höchste ist.
S/211

Lehrer der anderen Künste gibt es überall und viele; manche von diesen schienen selbst kleine Knaben schon so erfaßt zu haben, daß sie sogar andere lehren konnten; leben aber muß man das ganze Leben hindurch lernen, und worüber du dich vielleicht noch mehr verwundern wirst: auch sterben muß man das ganze Leben lernen.
S/97

Heilsame Studien sind lobenswert, wenn es auch am Vollbringen fehlt.
S/39

Denk daran, daß es in gleicher Weise Zeichen eines freien Geistes ist, seine Ansicht zu ändern wie dem zu folgen, der uns eines Bessern belehrt. Denn die Handlung, die gemäß deinem Willensantrieb und deinem Urteil, ja überhaupt gemäß deinem Geist erfolgt, ist deine eigene Tat.
MA/107

Manche haben die philosophischen Lehrsätze in sich aufgenommen und wollen sie sogleich wieder von sich geben, wie

Magenkranke die Speisen. Verdaue sie zuerst, dann brauchst du dich nicht zu übergeben, so aber werden sie dir in der Tat nur zu einem Brechmittel oder einer unreinen und unverdaulichen Sache.
E/86

Worin du keine Fertigkeit haben willst, das tue auch nicht, sondern gewöhne dich, statt dessen etwas anderes zu tun.
E/74

Es ist z.B. nicht erfreulich, dabeizusein, wie ein Schuster sein Handwerk lernt, und doch ist der Schuh nützlich und ihn anzusehen nicht unangenehm.
E/71

Wenn du also im Lässigen und Leichtsinnigen beharrst, immer nur gute Vorsätze faßt und einen Tag nach dem andern festsetzest, von dem an du auf dich achten willst, dann wirst du, ohne es recht zu merken, überhaupt keine Fortschritte machen, sondern dein Leben lang ein Laie bleiben, bis du stirbst.
E/49

erkennen

Hinderung der Sinneswahrnehmung ist ein Übel der beseelten Natur.
MA/114

Was sind Alexander und Caius und Pompeius gegen einen Diogenes, Herakleitos und Sokrates! Denn diese haben die Dinge wirklich erkannt, ihre Ursachen und ihre stofflichen Grundlagen, und ihr Geist war unbesiegbar. Jene aber – welch endlose Sorgen quälten sie! Welche tausendfache Sklaverei!
MA/104

Was ist denn wohl angenehmer als die Einsicht selbst, wenn du bedenkst, wie in allen Dingen die Kraft des Verstehens und Erkennens unfehlbar ist und Erfolg hat.
MA/55

Habe nicht solche Meinungen, wie sie der hat, der dich schädigen will, oder wie er möchte, daß du sie hast, sondern sieh nur darauf, wie die Dinge in Wahrheit sind.
MA/36

tun

Male dir nicht auf einmal aus, was für schwere Dinge dir obliegen und wie viele wahrscheinlich noch dazukommen werden, sondern frage dich in jedem einzelnen Fall: »Was ist an der Sache unerträglich und entsetzlich?« Dann wirst du dich schämen, es überhaupt zuzugeben!
MA/112/113

leisten

Dem Schwelger ist schon Mäßigkeit eine Strafe, dem Faulen gilt Arbeit der Todesstrafe gleich, dem Verzärtelten gilt Tätigkeit für Elend, dem Trägen das Studieren für eine Marter; ebenso halten wir das, wozu wir alle schwach sind, für hart und unerträglich, indem wir vergessen, für wie viele es schon eine Folter ist, den Wein zu entbehren oder bei Sonnenaufgang geweckt zu werden.
S/236/237

Begreifst du nicht, wie vieles du schon hättest leisten können, bei dem du überhaupt nicht den Vorwand gebrauchen konntest, daß du dafür zu unbegabt oder ungeschickt wärest?
MA/52

verzichten

Merke: benimm dich im Leben wie bei einem Gastmahl. Eine Speise wird herumgetragen und gelangt zu dir: du langst dir zu und nimmst mit Anstand davon. Sie wird vorübergetragen: du hältst sie nicht zurück. Sie ist noch nicht an dich gekommen: du unterdrückst dein Verlangen und wartest ruhig, bis sie an dich kommt.
E/28

flüchten

Wenn es raucht, macht man sich aus dem Staube.
MA/63

bereuen

Die Reue ist eine Art Vorwurf gegen dich selber, daß man etwas Nützliches versäumt hat.
MA/106

siegen

Du kannst als unbesiegbar dastehen; du mußt dich nur in keinen Kampf einlassen, in dem der Sieg nicht von dir abhängt.
E/30

fähig

Liebe das bißchen Fachwissen, das du gelernt hast, und finde darin dein Genügen. Und durchwandere den Rest deines Lebens wie einer, der all seine Sachen von ganzer Seele den Göttern anvertraut hat.
MA/42

Denn es ist gar nicht anders möglich, als daß durch entsprechende Handlungen Fertigkeiten und Fähigkeiten teils entstehen, wenn sie vorher nicht da waren, teils großgezogen und verstärkt werden.
E/74

Jede Fertigkeit, jede Fähigkeit wird durch entsprechende Handlungen erhalten und vermehrt.
E/74

Kann ich nicht mehr Fähigkeiten dazu verwenden, wozu ich sie erhalten habe?
E/58

präsent

Denn ich habe mich nicht bloß für jenen Tag eingerichtet, den mir die begehrliche Hoffnung als den letzten versprochen hatte, sondern habe jeden als den letzten betrachtet.
S/256

genügsam

Nicht soviel du willst, sondern soviel du fassen kannst, mußt du schöpfen.
S/261

aufrichtig

Aufrecht oder aufgerichtet!
MA/86

ausdauernd

Wird dir eine schwere Arbeit zugemutet, so wirst du die Ausdauer finden.
E/26

mobil

Der Mensch hat außer dem, daß er von Natur aus hochherzig ist und über alles hinwegsehen kann, was nicht von seinem Willen abhängig ist, noch den Vorzug erhalten, daß er nicht festgewurzelt ist, nicht am Boden angewachsen ist, sondern daß er gehen kann, wohin und zu wem ihn entweder gewisse Bedürfnisse drängen, das andere Mal nur zu seinem Vergnügen.
E/111

vernünftig

Dasselbe tut die Vernunftlehre; sie erstreckt sich nicht weit, wenn man sie anblickt, aber sie wächst im Wirken. Nur Weniges

ist es, was gesagt wird, aber wenn es die Seele gehörig aufgenommen hat, erstarkt es und wächst empor.
S/219

Wer aber der Vernunft in jeder Hinsicht folgt, der ist zugleich voll innerer Ruhe und Beweglichkeit, voll Heiterkeit und Ernst.
MA/143

Die Vernunft und die Kunst vernünftigen Denkens sind Fähigkeiten, die in sich selber und in den ihren Wesen entsprechenden Leistungen ihr Genügen finden.
MA/58

Besitzest du Vernunft? »Ja«. Warum gebrauchst du sie dann nicht? Denn wenn sie ihre Pflicht tut, was begehrst du da noch?
MA/37

engagiert

Wer aber klagt und weint und seufzt, wenn er tun soll, was ihm auferlegt ist, der wird dennoch durch Gewalt dazugezwungen und wider Willen zur Ausführung der Befehle genötigt. Ist es aber nicht Unsinn, sich lieber schleppen zu lassen, als willig zu folgen?
S/35

eitel

Es wäre daher arg, wenn Unwissenheit und Eitelkeit stärker wären als die richtige Einsicht.
MA/59

ehrgeizig

Nichts von den Dingen, die dem Menschen, sofern er Mensch ist, nicht zukommen, kann man als zum Menschen gehörig bezeichnen. Sie werden nicht vom Menschen gefordert, noch verheißt sie die Natur des Menschen, noch sind sie Vollkommenheiten der menschlichen Natur.
MA/58

glücklich

Wenn du aber daneben auch nach Ehrenstellen und Reichtümern jagst, so wirst du vielleicht, weil du zugleich jenes erstrebst, nicht einmal diese erlangen. Sicher wirst du das verfehlen, wodurch allein Glück und innere Freiheit kommen.
E/21/22

blockiert

Heute bin ich von jedem Hindernis frei geworden oder vielmehr, ich habe jedes Hindernis hinausgeworfen. Denn es lag ja nicht außerhalb meiner Person, sondern in mir selber, in meinen Einbildungen.
MA/126

Tugend

Die schönste Eigenschaft eines edlen Gemütes ist die, daß es sich zur Tugend erregen läßt.
S/219

Zur Tugend gelangt man nur durch sie selbst.
S/252

Die Tugend jedoch läuft keine Gefahr, daß sie, näher vor Augen gebracht, an Wert verliere, und es ist besser, seiner Natürlichkeit wegen verachtet als durch beständige Verstellung gequält zu werden. Doch wollen wir in dieser Sache maßhalten: es ist ein großer Unterschied, ob man natürlich lebt oder nachlässig.
S/86

Gewohnheit

Auch bei deinen eigenen Unfällen mußt du dich so benehmen, daß du dem Schmerz nur so viel einräumst, als er wirklich verlangt, nicht soviel die Gewohnheit fordert.
S/84

Verantwortung

Wofür haben sie dich nun verantwortlich gemacht? Nur für das allein, was bei dir steht: für die Anwendung deiner Geisteskräfte. Warum bürdest du dir noch das auf, wofür du nicht verantwortlich bist? Heißt das nicht, sich selbst Steine in den Weg legen?
E/64

Anstrengung

Aus beständiger Anstrengung entsteht eine gewisse Abstumpfung und Schlaffheit des Geistes: und wenn nicht Spiel und Scherz ein gewisses natürliches Vergnügen enthielte, würde nicht eine so heftige Begierde der Menschen danach streben: obgleich freilich ihr häufiger Genuß der Seele allen Gehalt und alle Kraft rauben würde.
S/87

Aufgabe

Hast du eine Aufgabe übernommen, der du nicht gewachsen bist, so wirst du dich damit nicht nur bloßstellen, sondern darüber auch das versäumen, was du hättest tun können.
E/43

Pflicht

Jede Lebensstellung hat ihre Pflichten.
E/37

Gutes

Das Gute aber muß etwas Nützliches sein, und der wirklich gute Mann muß sich darum bemühen.
MA/106

Karriere

Denn wie kann einer, der sich nicht oft in den Vorzimmern der Großen aufhält, sich nicht in ihrem Gefolge befindet, keine Lob-

lieder singt, wie kann der dasselbe erreichen wie der, der das alles tut?
E/34

Macht

Du selbst willst doch weder Feldherr noch Senator noch Konsul sein, sondern wahrhaft frei. Dazu führt aber nur ein Weg: Nichtachtung alles dessen, was nicht in unserer Macht steht.
E/30

Strategie

Alles, was auf Festes und Unüberwindliches einstürmt, übt seine Kraft zu eigenem Verderben.
S/51

Werkzeug

Instrumente, Werkzeuge, überhaupt alle Geräte sind in Ordnung, wenn sie das tun, wozu sie gemacht sind.
MA/78

Investitionen

Auch der Aufwand für wissenschaftliche Studien, der noch der edelste ist, hat nur so lange Berechtigung, als er vernünftiges Maß hält.
S/72

Ergebnisse

Alles, was nach der Einrichtung des Weltalls zu erdulden ist, laß uns mit hohem Geiste auf uns nehmen; wir sind ja dazu verpflichtet, das Los der Sterblichen zu ertragen und uns nicht in Verwirrung setzen zu lassen durch etwas, was zu vermeiden nicht in unserer Macht steht.
S/35/36

Tu deine Arbeit, aber nicht wie eine seelenlose Maschine oder wie einer, der bemitleidet oder bewundert werden will, sondern wolle nur das Eine; dich betätigen und stillhalten, wie es die Rücksicht auf die menschliche Gemeinschaft verlangt.
MA/126

Die Schafe beweisen dem Hirten nicht dadurch, daß sie das Futter wieder von sich geben, wieviel sie gefressen haben, sondern sie tragen Wolle und geben Milch. Also auch du blende die Laien nicht mit philosophischen Sätzen, sondern beweise ihre Wahrheit durch Taten.
E/47

Erfolg

Denn daraus folgt meist Betrübnis, wenn etwas nicht gelingt oder wenn man sich des Gelingens schämt.
S/79

Wenn du einen Mißerfolg gehabt hast, dann mußt du zu ihnen zurückkehren und zufrieden sein, wenn die Mehrzahl deiner Handlungen menschenwürdig ist, und mußt das lieben, zu dem du zurückkehrst.
MA/55

Nicht Ekel empfinden oder verzagen oder mutlos von deinem Vorhaben abstehen, wenn es dir nicht immer gelingt, gemäß den rechten Grundsätzen alles, was du tust, zu vollbringen.
MA/55

Beifall

Bedenke doch, wie rasch alles vergessen wird, und denk an die Kluft der unendlichen Zeit nach beiden Seiten hin und an das Nichtige des Beifalls und an den Wankelmut und die Urteilslosigkeit der Menschen, die dich zu loben scheinen, und die Kleinheit der Stätte, in der sich dies alles abspielt!
MA/33/34

Nachruhm

Das Leben ein Kampf und die Wanderschaft eines Fremdlings; der Nachruhm Vergessenheit.
MA/19

Vorsätze

Dir geschieht ganz recht so; du willst lieber morgen gut werden als es heute sein!
MA/109

Status-Symbole

Anders tritt im Zirkus ein Löwe mit goldgeschmückter Mähne auf, der so lange ermüdet wird, bis er sich streicheln und seinen Schmuck geduldig anziehen läßt, anders ein ungeschmückter von ungebrochenem Mute.
S/222

Rollen

Auch das ist keine geringe Quelle der Bekümmernis, wenn du dich ängstlich zustutzest und dich niemandem in deinem natürlichen Wesen zeigst, wie denn das Leben vieler ein verstelltes und auf den Schein berechnetes ist.
S/85

Deine Aufgabe ist einzig und allein, die zugeteilte Rolle gut durchzuführen; die Rolle auszuwählen steht nicht bei dir.
E/29

Vorbilder

Wohlan denn, nenne mir einen Alexander, einen Philipp, einen Demetrios von Phaleron! Mögen sie sehen, ob sie erkannt haben, was die Allnatur wollte, und ob sie sich selber gemeistert haben! Wenn sie aber eine tragische Rolle gespielt haben, dann bin ich von niemandem dazu verdammt, sie nachzuahmen.
MA/130

Bei jedem Ereignis, das dich trifft, mußt du dir die Männer vor Augen halten, denen ganz dasselbe passiert ist und die sich dann grämten, in Bestürzung gerieten und murrten. Wo sind denn diese alle jetzt? Nirgends.
MA/97

Du hast Lehren bekommen, denen du zustimmen mußt, und du hast ihnen zugestimmt. Wartest du noch auf einen anderen Lehrer, dem du deine Besserung übertragen willst? Du bist doch kein Knabe mehr, sondern ein reifer Mann.
E/49

Fehler

Magst du über das weite Meer schiffen, mögen dir, wie unser Virgilius sagt, Länder und Städte entschwinden: wohin du auch immer kommst, deine Fehler werden dir folgen.
S/215

6. Glück und Gesundheit

Sorglosigkeit verschafft
Gesundheit.

Mokshadharma

Tod

Warum sollte ich also Unmut und Kummer fühlen, wenn ich um wenige Augenblicke dem allgemeinen Verhängnis vorangehe?
S/241

Leben

Es ziemt dem Menschen mehr, das Leben zu belachen, als es zu beweinen.
S/84

Das ganze Leben ist eine Knechtschaft. Deshalb muß man sich an seine Lage gewöhnen und sowenig wie möglich darüber klagen, was sie aber Angenehmes an sich hat, ergreifen.
S/74

Viele gibt es, die es nicht für lästig halten, zu leben, aber für überflüssig.
S/215

Schicksal

Denn das einem jeden zugeteilte Schicksalslos wird mit in das Weltgeschehen hineingezogen und zieht ihn zugleich mit in dieses hinein.
MA/24

Natur

Wunderbar ist die Natur und voll Liebe zur Kreatur.
E/53

Sinn

Des Menschen Glück suche ich, nicht des Bauches, der ist beim Vieh und bei Tieren geräumiger.
S/28

Wenn aber jemand unglücklich ist, dann soll er sich sagen, daß er durch sich selbst unglücklich wurde.
E/109

Die Dinge selber berühren in keiner Weise die Seele, noch haben sie einen Zugang zur Seele, noch können sie verändern oder bewegen.
MA/59

Philosophie

An andern Heilmitteln findet man erst nach erlangter Gesundheit Gefallen; die Philosophie ist heilsam und süß zugleich.
S/227

Jetzt

So wie viele ruhig im Zirkus oder im Theater sitzen, die schon eine Leiche oder ein Unfall zu Hause erwartet.
S/51

Hier

Da suchen sich die Menschen Stätten, um sich zurückzuziehen: Aufenthalt auf dem Lande, an der See, im Gebirge. Und auch du pflegst dich am meisten nach solchen Stätten zu sehnen. Und doch ist all solches Verlangen in höchstem Grade kindisch, während es doch möglich ist, sich zu jeder Stunde, wenn man will, in sich selber zurückzuziehen.
MA/33

Zukunft

Unglücklich ist die Seele, die des Zukünftigen wegen ängstlich ist, und elend ist schon vor dem Elend, wer in Sorgen schwebt, ob das, woran er sich erfreut, ihm auch bis ans Ende verbleiben werde.
S/258

Es ist wahrscheinlich, daß ein Übel eintreten wird; darum aber ist es nicht gleich wahr. Wie vieles ist unerwartet gekommen! Wie vieles Erwartete ist nie erschienen! Und wenn es auch wirklich bevorsteht, was nützt es, seinem Schmerze entgegenzulaufen? Du wirst ihn früh genug empfinden, wenn er dasein wird; unterdessen versprich dir Besseres. Was du dadurch gewinnen wirst? Zeit! Vieles wird dazwischentreten, wodurch die kommende Gefahr, wie nahe sie auch herangetreten ist, zum Stillstehen gebracht oder ganz beseitigt oder auf ein anderes Haupt abgeleitet werden kann.
S/207

Sei nicht unglücklich vor der Zeit; denn das, was dich, als dir

drohend, in Angst versetzt, wird vielleicht nie kommen oder ist wenigstens noch nicht gekommen.
S/206

Urteil

Beschränke dich auf Neigung und Abneigung, aber laß auch diese nicht übermächtig werden.
E/22

Wenn du durch irgend etwas Äußeres gekränkt wirst, so quält dich (in Wahrheit) nicht dieses, sondern dein Urteil darüber.
MA/116

Aber Tod und Leben, Ruhm und Unberühmtheit, Mühsal und Lust, Reichtum und Armut – all dies widerfährt in gleicher Weise den guten und den bösen Menschen; denn es ist weder schön noch häßlich. Es ist also auch weder gut noch böse.
MA/16

Wünsche

Nie wird es weder im Glück noch im Elend an Ursachen zur Besorgnis fehlen; durch die Geschäfte des Lebens wird die Muße benommen werden: nie wird man handeln, ewig wünschen.
S/114

Alles, was mir zukommen mag, wird gut sein; und doch wünsche ich lieber, daß mir Leichteres und Angenehmeres begegne und was dem, der damit zu tun hat, weniger zu schaffen macht.
S/47

Denn was kann dem fehlen, der über jedes Verlangen hinaus ist?
S/36

Das Gebet der Athener: »Regne, regne, lieber Zeus, auf die Fel-

der der Athener und ihre Wiesen!« Entweder muß man überhaupt nicht beten oder so – schlicht und freimütig.
MA/53

Begierde

Die Begierde aber gib vorläufig ganz auf. Denn begehrst du etwas, was nicht in deiner Gewalt steht, so wirst du unfehlbar unglücklich werden.
E/22

Vorstellungen

Wenn wir also unglücklich, unruhig oder betrübt sind, wollen wir die Ursache nicht in etwas anderem suchen, sondern in uns, das heißt in unseren Vorstellungen.
E/24

Gerade wie wir uns bei den verschiedenen Speisen und ähnlichen Eßbarkeiten eine Vorstellung bilden: das hier ist ein toter Fisch, das da ein toter Vogel oder ein totes Schwein, und ferner: der Falerner hier ist nur ein Traubensaft und das Purpurgewand nur Wolle eines Schafes, die in das Blut einer Muschel getaucht ist, oder bei den Vorgängen beim Geschlechtsverkehr: das ist nur die Reibung eines Darms und die Aussonderung von etwas Schleim unter gewissen Zuckungen.
MA/68

Die Grundverfassung deiner Seele wird so sein wie die Vorstellungen, denen du nachhängst.
MA/58

Einstellung

Du kannst ja von allem einen guten Gebrauch machen, und daran kann dich niemand hindern.
E/39

Gründe

Man sucht nicht ein Ende des Elends, nur seine Quelle wird verändert.
S/113

Bedingungen

Nur ein Narr sucht im Winter nach Feigen.
MA/167

Unter den Widerwärtigkeiten selbst spreche man: Künftig vielleicht ist's Freude, der jetzigen Leiden zu denken. Mit ganzer Seele kämpfe man dagegen.
S/245

Dein Genügen in deiner gegenwärtigen Lage finden und deine Freude haben an allem, was du hast?
MA/137

Der Weise

Gesundes mit Krankhaftem zu vermischen ist der Anfang der Krankheit; doch will ich dir damit nicht die Vorschrift geben, du solltest keinem nachgehen oder an dich ziehen als einen Weisen; denn wo wirst du den finden, den wir schon so viele Jahrhunderte lang suchen?
S/68/69

Identität

Die Menschen sollen einen Mann leibhaftig sehen und kennenlernen, der gemäß der Natur lebt!
MA/144

Image

Wenn du nur Wasser trinkst, so sage nicht bei jeder Gelegenheit: ich trinke nur Wasser.
E/47

Meisterschaft

Leicht ist der Schmerz, wenn die Einbildung ihn nicht vergrößert; wenn du vielmehr anfängst, dich zu ermuntern und zu sagen: »Es ist nichts«, oder wenigstens: »Es ist unbedeutend, ich will aushalten«, so wird er sogleich aufhören. Du wirst ihn leicht machen, wenn du ihn dafür hältst.
S/244

Im Gegenteil, es ist ja sogar nötig, sich selber gütlich zuzureden und geduldig auf die natürliche Auflösung (unseres Körpers) zu warten und nicht über den Aufenthalt zu murren, sondern sich allein bei diesen Sätzen zu beruhigen: erstens: Es wird mir nichts widerfahren, was nicht gemäß der Natur ist, und zweitens: Es steht mir frei, nichts gegen meinen Gott und Dämon zu tun. Denn es gibt niemand, der mich zwingen könnte, gegen ihn zu sündigen.
MA/56

Weg

Du hast die Fähigkeit, stets glücklich zu sein, wenn anders du fähig bist, einen guten Weg zu gehen, und wenn du nach vernünftigen Grundsätzen denken und handeln kannst.
MA/64/65

Selbst-Erkenntnis

Wer nämlich einmal Fieber gehabt hat und es wieder verloren hat, ist nicht mehr ganz derselbe wie vor dem Fieber, es sei denn, er ist völlig geheilt worden. Ebenso verhält es sich auch bei den Krankheiten der Seele. Es bleiben in ihr Spuren und Striemen zurück, die, wenn man sie nicht gut wegbringt, bei einem zweiten Schlag auf derselben Stelle nicht mehr Striemen, sondern offene Wunden bilden.
E/75

Jeder ist in dem Grade elend, als er es zu sein glaubt.
S/244

Warum betrügen wir uns selbst? Nicht außer uns ist unser Gebrechen; es ist in uns.
S/226

Selbst mit einer Menge von Geschwüren bedeckt, bemerkt ihr jedes Hitzebläschen an anderen.
S/51

Selbst-Bewußtsein

Rühme dich auch nicht deiner Enthaltsamkeit.
E/41

Wozu in aller Welt gebrauche ich denn jetzt meine Seele? In jedem einzelnen Falle muß man sich diese Frage vorlegen und prüfen: Was geht jetzt bei mir in diesem Teile vor, den sie den herrschenden nennen?
MA/56

Selbst-Akzeptanz

Wo also ist der Anfang des Unglücks, wo das wahre Übel? Da ist es vorhanden, wenn jene Empfindungen den Geist niederziehen, wenn sie ihn zum Geständnis der Unterwürfigkeit bringen, wenn sie ihn Reue über sich selbst empfinden lassen.
S/238

Der Glückliche aber und der Mann von vollendeter Tugend liebt sich dann am meisten, wenn er die Probe aufs mutigste bestanden hat und das, was andern furchtbar ist, nicht nur erträgt, sondern willkommen heißt, wenn es der Preis irgendeiner edlen Pflicht ist, und will lieber von sich sagen hören: er ist um so viel besser, als: er ist um so viel glücklicher.
S/238

Die Menschen aber, die nicht auf die Bewegungen der eigenen Seele achten, müssen unweigerlich unglücklich sein.
MA/15

Die Last deiner Seele muß erst abgelegt werden; eher wird dir kein Ort gefallen.
S/216

Beachte, was deine Natur von dir verlangt als einem nur von der Natur durchwalteten Wesen. Dann tu dies und tu es gern, wenn dadurch deine Natur als die eines lebenden Wesens nicht schlechter zu werden droht.
MA/137

Weil du dich nicht selber liebhast; denn sonst würdest du auch deine Natur und ihren Willen lieben.
MA/50

Alles, was geschieht, ist (mir) so gewohnt und vertraut wie die Rose im Sommer und die Frucht im Herbst. Dazu gehört auch Krankheit und Tod, Verleumdung und Nachstellung und alles, was die Toren erfreut oder betrübt.
MA/46

Die Seele des Menschen mißhandelt sich selber.
MA/18

Selbst-Entwicklung

Den Sinn mußt du wechseln, nicht den Himmelsstrich.
S/215

Die Freude des Menschen ist es, das dem Menschen Eigentümliche zu tun. Eigentümlich ist aber dem Menschen Wohlwollen gegen seinesgleichen, Verachtung der Regungen der Sinne, Durchschauen der blendenden Vorstellungen, denkende Betrachtung der Natur des Alls und dessen, was nach ihrem Willen geschieht.
MA/110

Warum ist also jenes Ereignis mehr ein Unglück als dieses ein Glück? Verstehst du überhaupt unter Unglück eines Menschen etwas, was nicht ein Mißerfolg der menschlichen Natur ist? Scheint dir das ein Mißerfolg der menschlichen Natur zu sein, was nicht gegen den Willen seiner Natur ist? Wieso? Diesen Willen hast du kennengelernt; hindert dich etwa dies Ereignis daran, gerecht oder hochherzig zu sein, dich zu beherrschen, verständig, besonnen, wahrhaftig, schamhaft, ein unabhängiger Charakter zu sein oder die anderen Tugenden zu besitzen, bei deren Vorhandensein die Natur des Menschen ihre Bestimmung erfüllt?
MA/48

Du mußt das tun, worin du tüchtig sein willst.
E/74

Man wird besiegt werden, wenn man weicht; man wird siegen, wenn man gegen seinen Schmerz ankämpft.
S/245

Du kannst dich von vielen unnötigen Dingen, die dich quälen, befreien; denn sie existieren bloß in deiner Einbildung.
MA/131

Daher ist der Geist, der frei von Affekten ist, eine Hochburg. Denn der Mensch hat keine festere Stätte, zu der er seine Zuflucht nehmen könnte. Denn dann ist er unbesiegbar. Wer dies nicht begreifen kann, ist ein Mensch ohne Einsicht. Wer es aber begriffen hat und seine Zuflucht doch nicht dazu nimmt, ist ein Mensch ohne Glück.
MA/116

Der führende Seelenteil ist derjenige, der sich selber erweckt und wandelt und sich selber zu dem macht, was er will, und bewirkt, daß ihm selber alles, was geschieht, so erscheint, wie er es will.
MA/67

Körper

Der beste Geruch am Körper ist keiner.
S/264

Warum speisest du nicht nach deiner eigenen Vorschrift?
S/37

Wenn du deinen Körper an Einfachheit gewöhnt hast, so prahle nicht damit.
E/47

Es verrät gemeinen Sinn, bei den Bedürfnissen des Körpers zu lange zu verweilen und z.B. zuviel Zeit auf Leibesübungen, auf Essen und Trinken, auf die Befriedigung der niedrigsten und sinnlichsten Triebe zu verwenden. Das alles sind doch nur gleichgültige Dinge, und unsere Aufmerksamkeit gebührt der geistigen Seite unseres Wesens.
E/45

tun

Nicht in dem, was sie leiden, sondern in dem, was sie tun, liegt das Wohl und Wehe der vernünftigen, mit Gemeinsinn begabten Lebewesen beschlossen, wie ja auch ihre Tugend und Schlechtigkeit nicht in dem liegt, was sie leiden, sondern in dem, was sie tun.
MA/127

Du mußt dich aber auch vor dem anderen Irrwege hüten: Toren sind nämlich auch die, die durch ihr Tun müde geworden sind zum Leben und kein Ziel haben, auf das sie jeden Anlauf, überhaupt jeden Gedanken richten.
MA/14

lieben

Liebst du dein Kind oder dein Weib, so sage dir: ich liebe einen Menschen. Stirbt er, so wirst du nicht außer Fassung geraten.
E/23

flüchten

Unter »Ruhe« aber verstehe ich nichts anderes als vollendete Harmonie. Suche dir daher ständig diese Zuflucht und erneuere dich selbst.
MA/33

fürchten

Keine Furcht ist daher so verderblich, so unheilbar wie die eines Wahnsinnigen; denn jede andere ist unvernünftig, diese aber unsinnig.
S/207

Es ist aber kein Grund mehr da, zu leben, und des Elends kein Maß, wenn man alles fürchtet, was man nur immer fürchten kann.
S/208

Hoffnung und Furcht also prüfe genau, und sooft alles ungewiß ist, begünstige dich selbst und glaube, was dir lieber ist.
S/208

Denn niemand leistet sich selbst Widerstand, wenn er einmal angefangen hat, in Aufregung zu sein, noch führt er seine Furcht auf die Wahrheit zurück.
S/208

ärgern

Denn sich über irgend etwas ärgern, was geschieht, ist ein Abfall von der Natur, in deren Bereich die Naturen aller anderen Wesen enthalten sind.
MA/18

aufmerksam

Denn du wirst über die Harmonie mehr Herr werden, wenn du beständig zu ihr zurückkehrst.
MA/68

Wenn du durch die Umstände gezwungen wirst, irgendwie deine Fassung zu verlieren, dann zieh dich schnell in dich selber zurück und gerate nicht mehr aus deiner Bahn, als unvermeidlich ist.
MA/68

präsent

Die Seele muß frisch, voll Zuversicht und über alles erhaben sein.
S/213

mobil

Man muß der Überzeugung leben: Nicht für einen Winkel bin ich geboren, mein Vaterland ist die ganze Welt.
S/216

genügsam

Nimmst du aber auch das nicht, was dir vorgesetzt wird, sondern läßt es vorübergehen, so bist du nicht bloß bei den Göttern zu Gast, sondern teilst mit ihnen ihre Macht.
E/28

vernünftig

Zahllose Übel hast du erduldet, weil du dein Genügen nicht darin findest, daß deine Vernunft das tut, wozu sie bestimmt ist. Doch genug damit!
MA/129

ruhig

Schon manche Feuersbrunst ließ einen Weg zur Rettung offen; schon manchen trug ein einstürzendes Gebäude sanft auf den Boden hinab; manchmal wurde das Schwert vom Nacken selbst noch zurückgezogen, und mancher überlebte seinen Henker.
S/207/208

Es ist besser, ohne Furcht und Sorge zu hungern, als im Überfluß, aber ohne Ruhe der Seele zu leben.
E/27

Denn der Mensch zieht sich nach keiner anderen Stätte zu größerer Ruhe und Ungestörtheit zurück als in seine eigene Seele, vor allem derjenige, der in sich einen solchen Seelengrund hat, daß er, wenn er in ihm untertaucht, sich alsbald in vollendeter Ruhe befindet.
MA/32/33

glücklich

Selbst das Unglück hat seinen Wankelmut. Vielleicht wird es eintreten, vielleicht aber auch nicht; inzwischen ist es wenigstens noch nicht da. Stelle dir also Besseres vor.
S/208

Denn es gibt keinen, dem sein Glück genügte, auch wenn es im Laufe gestürzt kommt.
S/267

Laß sich diese Gunst der Verhältnisse ins Gegenteil verwandeln, möge von allen Seiten her mein Gemüt von Verlusten, Trauerfällen, mancherlei Angriffen erschüttert werden, möge keine Stunde ohne irgendeine Klage sein: ich werde mich unter dem größten Elend doch nicht elend nennen, deshalb keinen Tag verwünschen; denn es ist dafür gesorgt von meiner Seite, daß mir kein Tag ein unglückseliger sei.
S/46/47

Für mich gibt es keine anderen als nur glückliche Vorbedeutungen, wenn ich so will. Denn wenn auch irgendein Unglück kommen mag, in meiner Hand liegt es, Vorteil daraus zu ziehen.
E/30

Wir sollten uns aber erinnern, welchen Eindruck die Klagen eines andern auf uns machen.
E/35

Denn wo Unruhe, Trauer, Furcht, unerreichtes Begehren, erfolgloses Vermeiden, Neid und Mißgunst sind, wo kann da das Glück einziehen?
E/97

Zwei Fehler muß man überwinden: erstens die Einbildung, als ob einem nichts zum Glück fehle, zweitens den Kleinglauben, als ob man in einer solchen Welt nicht glücklich werden könne.
E/84

So kann dir jedes Ding Ursache sein, dich unglücklich zu fühlen. Ist es nicht hinreichend genug, daß du dort Unglück hast, wo du selber bist? Sollst du auch noch jenseits des Meeres und durch Briefe unglücklich werden?
E/113

»Ich Unglücklicher, daß mir das passieren mußte!« Nicht doch! Vielmehr: »Ich Glücklicher, daß ich unbekümmert bleibe, trotzdem mir das passiert ist, ohne mich von meiner jetzigen Lage niederschmettern zu lassen oder Angst vor der Zukunft zu haben.« Denn so etwas hätte ja jedem passieren können, aber nicht jeder wäre bei solchem Ereignis unbekümmert geblieben!
MA/48

Denke fortan bei allem, was dein Herz kränken will, daran, den Grundsatz anzuwenden: »Dies ist kein Unglück, aber es tapfer zu tragen ist ein Glück!«
MA/48

»Glücklich« bedeutet einen Menschen, der »sich selber ein gutes Schicksal zuteilt«.
MA/65

Für den Stein, der emporgeworfen wird, ist es weder ein Unglück, wieder herunterzufallen, noch ein Glück, emporgeworfen zu werden.
MA/127

Tugend

Die Tugend ist der Natur entsprechend: das Laster ist ihr widerstrebend und feindlich.
S/227

Haltung

Es kommt mehr darauf an, wie du kommst, als wohin du kommst, und daher sollen wir unser Herz an keinen Ort hängen.
S/216

Angst

Wie leicht ist es, jede Vorstellung abzustoßen und wegzuwischen, die uns stört oder unserem Wesen fremd ist, und alsbald eine vollendete Seelenruhe zu haben!
MA/51

Sorgen

Was frommt es, vergangene Schmerzen wieder aufzufrischen und noch elend zu sein, weil man es gewesen ist?
S/244

Öfter leiden wir in der Einbildung als in der Wirklichkeit.
S/206

Stell dir vor, daß jeder, der sich über irgend etwas grämt oder entrüstet, dem Ferkel gleicht, das geopfert wird und mit den Füßen ausschlägt und schreit; ähnlich ist auch der Mensch, der einsam auf seiner Lagerstätte im stillen die Fesseln unseres Daseins bejammert.
MA/147

Alles, was (dich) trifft, trifft dich so, daß du es zu tragen vermagst oder nicht. Wenn es dich so trifft, daß du es ertragen kannst, dann murre nicht, sondern ertrage es so gut, wie du kannst. Wenn es dich aber so trifft, daß du es nicht ertragen

kannst, dann murre (ebenfalls) nicht. Denn es wird dich vorher zugrunde richten.
MA/138

Wenn nun jedem Dinge nur das widerfährt, was durch seine Natur bedingt und für sie ganz gewöhnlich ist, was hast du da für Grund, zu murren?
MA/115

Wenn ihr heute satt geworden seid, so sitzt ihr da und jammert, was ihr morgen essen werdet.
E/61

Freude

Dies betreibe vor allen Dingen, mein Freund: lerne, dich zu freuen.
S/212

Gutes

Dann aber ist das Maß des Unglücks voll, wenn das Schändliche nicht nur ergötzt, sondern sogar gefällt.
S/220

Trost

Nichts wird schneller verhaßt als der Gram, der, solange er neu ist, einen Tröster findet und manchen anzieht, aber, ist er veraltet, verlacht wird, und das nicht mit Unrecht; denn er ist entweder erheuchelt oder töricht.
S/227

Nichts ist so bitter, daß ein gelassenes Gemüt nicht einen Trost dabei fände.
S/74

Genuß

Und Liber, d.h. der Freie, ist der Erfinder des Weins genannt worden, nicht wegen Ungebundenheit der Zunge, sondern

weil er die Seele von der Knechtschaft der Sorgen frei macht, sie aus der Sklaverei entläßt, sie belebt und zu allen Unternehmungen kühner macht.
S/88

Denn man muß all das als Genuß auffassen, was man gemäß seiner eigenen Natur tun kann.
MA/149

Träume

Ernüchtere dich und ruf dich selber zur Besinnung, und wenn du den Schlaf abgeschüttelt und dir klargemacht hast, daß es nur Träume waren, die dich quälten, dann blick, aufs neue wach geworden, auf die (irdischen) Dinge hier, wie du auf jene Träume blicktest.
MA/75/76

Krankheit

Jede Krankheit läßt sich geduldig ertragen, wenn man das Äußerste, was sie droht, verachtet.
S/244

Affekte sind verwerfliche, plötzliche und heftige Bewegungen des Gemüts, die, häufig eintretend und vernachlässigt, eine Krankheit erzeugen; wie ein einziger Katarrh, der, noch nicht stehend geworden, einen Husten erzeugt, ein anhaltender und veralteter aber die Schwindsucht.
S/242

Und deswegen gelangen wir schwer zur Genesung, weil wir nicht wissen, daß wir krank sind.
S/226

Denn manches muß man heilen, ohne daß die Kranken es wissen; schon für viele ward die Kenntnis ihrer Krankheit eine Ursache des Todes.
S/115/116

Die Krankheit ist ein Unglück für den Körper, für den Willen aber nicht, wenn er nicht selber es will.
E/25

Schmerz

Wir vergrößern entweder unsern Schmerz, oder erdichten ihn, oder nehmen ihn voraus.
S/206

Muße

Nur die allein von allen leben in Muße, die ihre Zeit der Weisheit widmen; sie allein leben wirklich; denn nicht nur ihre eigene Lebenszeit hüten sie gut, sondern sie fügen auch jedes Zeitalter dem ihrigen bei. Sämtliche Jahre, die vor ihnen verlebt worden sind, gewinnen sie für sich.
S/109

In Muße lebt, wer ein Bewußtsein seiner Muße hat.
S/106

Man muß der Seele etwas zuliebe tun und ihr bisweilen Muße geben, die ihr als Nahrung und Stärkung dienen soll.
S/87/88

Auch große Männer haben sich jeden Monat an gewissen Tagen Ferien gegeben; manche teilten jeden Tag zwischen Muße und Geschäftssorgen.
S/87

Man muß dem Geiste Erholung gönnen; ausgeruht, wird er sich kräftiger und frischer erheben.
S/87

Aufgabe

Keinem Menschen widerfährt etwas, was er nicht infolge seiner Naturanlage zu tragen vermöchte.
MA/59

Überhaupt, bist du zum Genießen oder zum Handeln da? Siehst du nicht die Blümlein, die Vöglein, die Ameisen, die Spinnen, die Bienen, wie sie ihre Arbeit tun und – soviel an ihnen liegt – den Kosmos mit aufbauen? Und da willst du nicht die Aufgaben des Menschen erfüllen?
MA/50

Mittel

Ein Übel muß das andere vertreiben.
S/72

Einem jeden Ding ist das förderlich, was ihm die Allnatur bringt, und dann ist es förderlich, wenn es diese bringt.
MA/145

Erfolg

Das Leben würde schnell in trägem Müßiggang erstarren, wenn man alles aufgeben müßte, was einmal mißlang.
S/246

Gewinn

Denn sieh, du kannst dir für eine Schüssel Salat z.B. oder für einen Sessel Edelsinn erwerben; welch ein Gewinn!
E/69

PR

Übst du dich im Ertragen von Strapazen, so tue es für dich und nicht für Zuschauer.
E/47

7. Zeitlos zum Ziel

Indem der Mensch dem Himmel und der Erde ähnlich wird, kommt er nicht in Widerspruch mit ihnen. Seine Weisheit umfaßt alle Dinge, und sein Sinn ordnet die ganze Welt. Darum macht er keinen Fehler.

I Ging

Tod

Wer den Tod fürchtet, wird nie etwas für den Lebenden tun: wer aber weiß, daß es ihm sogleich bei seinem Entstehen so bestimmt gewesen, der wird danach leben und es mit derselben Geistesstärke dahin bringen, daß ihm nichts von dem, was sich ereignet, unerwartet kommt.
S/77

Den aber, der dich hinausträgt, wird bald ein anderer beweinen.
MA/151

Der Tod – ein ähnlicher Vorgang wie die Geburt: ein Geheimnis der Allnatur: wie jene eine Vereinigung von Elementen, ist er eine Auflösung in dieselben, aber durchaus kein Vorgang, dessen sich jemand zu schämen brauchte! Denn er steht ja nicht im Widerspruch mit der Natur des denkfähigen Wesens oder mit dem Gesetz seiner Natur.
MA/35

Der Tod steht nicht in unserer Macht. Weg mit der Trauer!
E/80

Wie schnell verschwindet alles: im Kosmos die Menschen selber, in der Ewigkeit die Erinnerung an sie!
MA/16

Wenn du wünschest, dein Weib, deine Kinder, deine Freunde möchten ewig leben, so bist du ein Narr. Denn du willst etwas, was nicht in deiner Macht steht, und betrachtest als dein Eigentum, was dir nicht gehört.
E/28

Und bist du alt, so entferne dich überhaupt nicht mehr weit vom Fahrzeug, damit du etwa gar ausbleibst, wenn du gerufen wirst.
E/25

Leben

Nichts ist weniger die Sache eines in Anspruch genommenen Menschen, als zu leben, und doch gibt es keine schwerere Kunst als diese.
S/97

Manche fangen wirklich erst dann zu leben an, wenn sie aufhören sollen.
S/214

Schlecht lebt, der nicht gut zu sterben weiß.
S/76

Das Leben ist lang, wenn man es zu gebrauchen versteht.
S/91

Du grämst dich doch nicht darüber, daß du nur soundso viel Pfund wiegst und nicht dreihundert? Ebensowenig darfst du dich darüber grämen, daß du nur soundso viele Jahre zu leben hast und nicht mehr.
MA/81

Und wenn du dreitausend Jahre lebtest oder gar zehnmal so lange, denk trotzdem daran, daß niemand ein anderes Leben verliert als das, was er lebt, und nicht ein anderes lebt als das, was er verliert. Es kommt daher das längste mit dem kürzesten auf dasselbe hinaus.
MA/18

Denn, wie Holz ein Gegenstand für den Zimmermann, das Erz für den Bildhauer, so ist das Leben eines einzelnen Gegenstand seiner Lebenskunst.
E/65

Schicksal

Der Weise aber überwindet das Schicksal durch Tugend.
S/238

Sinn

Wie du gelebt haben möchtest, wenn du schon abgeschieden wärest, so kannst du schon hier auf Erden leben.
MA/62

Kehret zurück zu euch selbst, lernet die Dinge in ihrer wahren Gestalt kennen!
E/94

Was helfen jenem seine achtzig in Müßiggang hingebrachten Jahre? Er hat nicht gelebt, sondern nur im Leben verweilt und ist nicht spät, sondern langsam gestorben. Er hat achtzig Jahre gelebt. Es kommt darauf an, von welchem Tage an du seinen Tod rechnest.
S/255

Niemand wird dir die Jahre wieder schaffen, niemand dich dir selbst zurückgeben.
S/100

Und daß die Spanne Zeit für dich eng begrenzt ist! Und wenn du sie nicht zur Erleuchtung deiner Seele benutzest, dann ist sie unwiderbringlich dahin, und du bist dahin, denn die Möglichkeit kehrt nie wieder!
MA/13

Philosophie

Gleichwie ein großer Unterschied ist zwischen der Habsucht

und dem Gelde, da jene begehrt, dieses aber begehrt wird, so auch zwischen der Philosophie und der Weisheit.
S/251

Auch das trägt zur Befreiung von eitler Ruhmsucht bei, daß du nicht mehr die Möglichkeit hast, dein ganzes Leben oder doch das von Jugend auf als Philosoph gelebt zu haben; es ist ja vielen andern und auch dir selber längst klargeworden, daß du fern von der Philosophie bist.
MA/103

Die Philosophie verspricht nicht, dem Menschen etwas zu verschaffen, was nicht in seiner Macht liegt; täte sie es, dann würde sie etwas auf sich laden, was nicht ihres Amtes ist.
E/65

Nenne dich niemals einen Philosophen, und sprich unter Ungebildeten nicht viel von philosophischen Lehren, sondern handle diesen Lehren gemäß.
E/46

Wenn du nach Weisheit strebst, so mache dich von vornherein darauf gefaßt, daß du ausgelacht wirst, daß viele dich verspotten und sagen: Seht da den neugebackenen Philosophen!
E/31

Ganzes

Du tratest ins Dasein als Teil (eines Ganzen). Du wirst (wieder) verschwinden in dem, was dich erzeugt hat, oder vielmehr wieder zurückgenommen werden in seinen zeugungsfähigen Urgrund vermittels einer Umwandlung.
MA/37

Jetzt

Man kann die meisten sagen hören: »Vom fünfzigsten Jahre an will ich mich in den Ruhestand zurückziehen« oder: »das sechzigste Jahr soll mich von allen Geschäften losmachen«. Und

wen bekommst du denn zum Bürgen für ein längeres Leben? Wer soll machen, daß es gerade so geht, wie du es anordnest? Schämst du dich nicht, bloß den Rest des Lebens für dich aufzusparen und für den edlen Geist nur die Zeit zu bestimmen, die zu nichts mehr verwendet werden kann?
S/93

Das Leben teilt sich in drei Zeiten: die, welche war, die, welche ist, und die, welche sein wird. Die wir verleben, ist kurz, die wir verleben werden, ist zweifelhaft, die wir verlebt haben, gewiß. Denn diese ist es, an welche das Schicksal sein Anrecht verloren hat, die in keines Menschen Willkür zurückgebracht werden kann. Diese verlieren die Vielgeschäftigen; denn sie haben ja keine Zeit, in die Vergangenheit zurückzublicken, und wenn sie auch Zeit haben, so ist doch die Erinnerung an etwas, das man bereuen muß, unangenehm. Daher wenden sie nur ungern ihre Gedanken zu der schlecht verbrachten Zeit zurück und wagen nicht, das wieder aufzuregen, dessen Fehlerhaftigkeit, wenn sie sich auch durch irgendeinen Reiz augenblicklichen Vergnügens der Wahrnehmung entzog, jetzt ans Licht tritt.
S/102

Überhaupt, das Leben ist kurz. Nutze die Gegenwart mit weiser Überlegung und Gerechtigkeit.
MA/41

Des Menschenlebens Zeit ist nur ein Punkt.
MA/19

Augenblick

Wir werden entweder von Gegenwärtigem oder von Zukünftigem oder von beidem zugleich gequält. Über das Gegenwärtige ist das Urteil leicht. Ist dein Körper frei, ist er gesund und wird ihm durch keine Verletzung Schmerz bereitet, nun, so sehen wir zu, was da kommen wird; für heute hat es nichts auf sich.

»Aber es wird kommen.« Fürs erste untersuche, ob sichere Zeichen vorhanden sind, daß ein Übel kommen wird; denn meistens sorgen wir uns über Vermutungen, und was Kriege zu beendigen pflegt, noch weit mehr aber einzelne aufreibt, das Gerücht, treibt sein Spiel mit uns.
S/207

Das Zusammenfassen aller Zeiten in eine macht ihm das Leben lang.
S/111

Die Zeit ist ein Fluß aus allem, was geschieht, ja ein wilder Strom. Denn in demselben Augenblick, wo jedes Ding (das er mit sich führt) zum Vorschein kommt, ist es auch schon vorbeigetrieben, und schon treibt ein anderes vorüber, und schon kommt das nächste.
MA/45

Vergiß auch nie, daß jeder nur diesen gegenwärtigen Moment lebt. Die übrige Zeit hat er entweder gelebt, oder sie liegt im Ungewissen. Es ist also nur eine winzige Spanne Zeit, die ein jeder lebt, winzig auch der Fleck der Erde, wo er lebt.
MA/28

Zukunft

Alles, was kommen wird, steht unsicher; lebe für die Gegenwart!
S/101

Nun aber, da wir die Zukunft nicht vorauswissen, ist es unsere Schuldigkeit, immer das Beste zu tun, das in unserer Macht liegt.
E/69

Deshalb haben die Philosophen recht, wenn sie sagen: wenn der rechtschaffene Bürger die Zukunft voraussähe, er würde selbst Krankheit, Tod oder sonst einen körperlichen Schaden

herbeiführen, wenn er nur wüßte, daß dieses ihm von der Regierung des Ganzen zugeteilt ist.
E/69

Vision

Willst du irgend etwas tun, so mache dir klar, welche Umstände dabei in Betracht kommen. Gehst du z.B. zum Baden, so stelle dir vor, wie es im Bade zugeht, wie sie allerhand Unfug treiben, sich stoßen, zanken, einander bestehlen. Du wirst ruhiger bleiben, wenn du dir von vornherein sagst: ich will baden, aber ich will auch meine naturgemäße Haltung bewahren. So mache es bei allem! Begegnet dir dann ein Ärgernis beim Baden, so wirst du dir sagen: ich wollte ja nicht bloß baden, sondern auch meine mir gemäße Haltung bewahren; und ich würde sie nicht bewahren, wenn ich mich über solche Dinge ärgerte.
E/23

Man kann auch das Künftige voraussehen. Denn es wird in jeder Hinsicht den gleichen Charakter haben und nicht aus dem Rhythmus des jetzigen Weltlaufes herausspringen können.
MA/95

Die Zukunft darf dich nicht beunruhigen; wenn es nötig werden sollte, wirst du ja an sie im Besitz derselben Vernunft herankommen, die du jetzt gegenüber der Gegenwart gebrauchst.
MA/86

Ziele

Der mutige und weise Mann darf nicht aus dem Leben fliehen, sondern gehen.
S/215

Zurückzukehren, woher man gekommen ist, was ist denn daran Schweres?
S/76

Prognose

Auch heute kann geschehen, was überhaupt irgend einmal geschehen kann.
S/228

Anfang

Du mußt doch endlich einmal begreifen, was das für ein Kosmos ist, von dem du ein Teil bist, und was das für ein Weltenlenker ist, als dessen Ausfluß du ins Dasein tratest!
MA/13

Nichts Großes kommt plötzlich, nicht einmal eine Traube oder Feige.
E/66

Werte

Schande über den, dem der Atem entflieht, während er hochbejahrt vor Gericht im Interesse der unbekanntesten Prozeßführer nach dem Beifall des unverständigen Zuhörerkreises hascht; schändlich der Mann, der, eher des Lebens als seines mühevollen Treibens satt, mitten in seiner Dienstgeschäftigkeit zusammensinkt; schändlich der, welchen, wenn er mitten in seinen Abrechnungen stirbt, der lange hingehaltene Erbe verlacht!
S/117

Was die Weisheit geheiligt hat, dem kann kein Schaden zugefügt werden.
S/111

Ich schäme mich, es zu sagen, wir pflegen das Sittlichgute nur, wenn wir gerade Zeit übrig haben.
S/243

Urteil

Kurz alles, was andere für Übel halten, mildert sich und verwandelt sich in Gutes, wenn du erhaben darüber bist.
S/236

Freiheit

Hältst du für frei, was seiner Natur nach unfrei ist, und für dein eigen, was fremd ist, so wirst du viel Verdruß haben, Aufregung und Trauer, und wirst mit Gott und allen Menschen hadern.
E/21

Erwartung

Das größte Hindernis des Lebens ist die Erwartung, die vom Morgen abhängt. Du verlierst den heutigen Tag; was in der Hand des Schicksals liegt, ordnest du, was in der deinigen, lässest du fahren.
S/101

Vorstellung

Denn welcher Sturm ist größer als der durch lebhafte und die Vernunft überwältigende Vorstellungen hervorgerufene? Der Sturm selbst, was ist er anders als eine Vorstellung.
E/77

Wie ein Wasserbecken ist die Seele; wie ein Strahl, der ins Wasser fällt, sind die Vorstellungen. Sobald das Wasser bewegt wird, glaubt man, daß auch der Strahl sich bewege, und doch ist das nicht der Fall.
E/81

Verlange nicht, daß alles so geschieht, wie du es wünschest, sondern sei zufrieden, daß es so geschieht, wie es geschieht, und du wirst in Ruhe leben.
E/25

Vorsätze

Welch törichtes Vergessen der Sterblichkeit ist es, vernünftige Vorsätze auf das fünfzigste oder sechzigste Jahr hinauszuschieben und das Leben erst da beginnen zu wollen, wohin es nur wenige bringen!
S/94

Du wirst ja weder dazu kommen, deine Aufzeichnungen zu lesen, noch die Taten der alten Griechen und Römer, noch die Auszüge aus ihren Schriften, die du dir für dein Alter beiseite gelegt hast.
MA/30

Grundsätze

Dem Menschen, der von den wahren Grundsätzen völlig durchdrungen ist, genügt auch die kürzeste und (sozusagen) auf der Straße liegende Wahrheit zur Erinnerung an (das Ideal der) Gramlosigkeit und Furchtlosigkeit.
MA/150/151

Standpunkt

Wenn mich jemand widerlegen und überzeugen kann, daß meine Ansicht oder mein Tun nicht richtig sind, werde ich mit Freuden meinen Standpunkt ändern. Denn ich suche die Wahrheit, von der noch niemals jemand geschädigt wurde. Schaden erleidet ja (nur) der, der in seinem Irrtum und Unverstand verharrt.
MA/72

Meinung

Wirf die Meinung hinaus, und du bist gerettet! Wer kann dich da hindern, sie hinauszuwerfen?
MA/177

Andere

Du hast nur noch kurze Zeit zu leben. Lebe wie auf einem Berggipfel. Denn es macht nichts aus, ob man dort oder hier lebt, vorausgesetzt, daß man überall lebt wie ein rechter Bürger des Weltstaates. Die Menschen sollen einen Mann leibhaftig sehen und kennenlernen, der gemäß der Natur lebt! Wenn sie dich nicht ertragen, mögen sie dich töten! Denn das ist besser, als so zu leben.
MA/144

Ratgeber

Wer bei einem Philosophen gewesen ist, der muß etwas mitnehmen, was ihm nützlich ist, auch wenn er gleichgültig dagegen ist.
S/261

Zeit

Alles zerstört und vernichtet die Länge der Zeit.
S/111

Du bist geschäftig, das Leben eilt dahin; inzwischen wird der Tod erscheinen, für den du, magst du wollen oder nicht, Zeit haben mußt.
S/100

Ich wundere mich immer, wenn ich sehe, daß manche Leute andere um Zeit ansprechen und die, welche darum gebeten werden, so bereitwillig sind. Das, weshalb die Zeit erbeten wird, haben beide im Auge, sie selbst aber keiner von beiden. Als wenn um ein Nichts gebeten, ein Nichts gewährt würde, wird mit der allerkostbarsten Sache ein Spiel getrieben.
S/99

Wer jedoch alle Zeit zu seinem Gebrauch verwendet, wer jeden Tag so ordnet, als wäre er sein ganzes Leben, der wünscht weder den folgenden, noch fürchtet er ihn.
S/99

Ihr lebt, als würdet ihr immer leben; niemals kommt euch in den Sinn, wie karg ihr bedacht seid; ihr verschwendet sie, als hättet ihr sie in Hülle und Fülle, während vielleicht gerade der Tag, den ihr einem Menschen oder einer Sache opfert, euer letzter ist.
S/93

Genau sind sie im Zusammenhalten ihres Vermögens; sobald es sich aber um die Zeit handelt, sind sie die größten Verschwender mit dem, wobei allein der Geiz eine Tugend ist.
S/92

Wir haben nicht zuwenig Zeit, aber wir verschwenden zuviel davon.
S/90

Bei der Aufeinanderfolge der Dinge ist es notwendig, daß das eine jetzt eintritt, das andere erst in der Zukunft, während anderes schon vergangen ist.
E/68

Alter

Das Alter gehört zu den Außendingen.
S/256

Wandel

Denk auch stets daran, wie vieler (Dinge und Menschen) Umwandlungen du selber schon erlebt hast. Der Kosmos ist Veränderung, das menschliche Leben Meinung.
MA/34

Meisterschaft

Zerren dich die von außen kommenden Ereignisse hin und her? Nimm dir doch einmal die Zeit, etwas wirklich Gutes hinzuzulernen, und hör auf, im Kreise herumzuirren!
MA/14

Denn wer seinen eigenen Geist und den Dämon in seiner Brust und ein seiner Heilung geweihtes Leben allem anderen auf der Welt vorzieht, der wird nicht Held einer Tragödie, der stöhnt nicht, der bedarf weder der Einsamkeit noch einer Ansammlung vieler Menschen. Und, was die Hauptsache ist, er lebt, ohne zu verfolgen und ohne zu fliehen. Ob er aber für eine längere oder eine kürzere Spanne Zeit seine Seele im Kerker des Leibes haben wird, das kümmert ihn überhaupt nicht. Denn selbst wenn er schon aufbrechen muß, dann rückt er so leichten Herzens ab, als wenn er im Begriffe stände, irgend etwas anderes von dem auszuführen, was unter Wahrung von Ehrfurcht und Sittsamkeit getan werden kann. Nur hütet er sich sein Leben lang, daß seine Seele eine Wandlung erfährt, die einem Lebewesen fremd ist, das mit Denkkraft und bürgerlichem Gemeinsinn begabt ist.
MA/26/27

Auch zur Vollbringung der größten Dinge ist das Leben lang genug, wenn es nur gut angewendet wird.
S/90

Es ist, glaube mir, die Sache eines großen und über menschliche Irrtümer erhabenen Mannes, sich nichts von seiner Zeit nehmen zu lassen, und deshalb ist sein Leben das längste, weil es, so weit es sich ausdehnt, ganz ihm selbst gehört. Nichts davon hat brach und müßig gelegen, nichts davon ist einem andern unterworfen gewesen, denn er hat nichts gefunden, was wert gewesen wäre, gegen seine Zeit vertauscht zu werden, die er so haushälterisch hütete. Daher genügte sie ihm; denen aber muß sie notwendig fehlen, von deren Leben die Leute so vieles hinwegtragen.
S/98

Ist eine Zeit vorübergegangen – er faßt sie in der Erinnerung auf; ist sie da – er macht Gebrauch von ihr; wird sie kommen – er genießt sie voraus.
S/111

Denn wahrlich, ein solcher Mann, der es nicht mehr aufschiebt, nunmehr zu den Besten zu gehören, ist ein Priester und Diener der Götter, der auch in engem Verkehr mit dem Wesen steht, das in seinem Innern wohnt, das den Menschen gegen Lüste gefeit, unverwundbar durch jede Mühsal, unberührt von jedem Frevel, unempfindlich gegen jede Schlechtigkeit, kurz, zum Wettkämpfer in dem höchsten Wettkampfe macht (nämlich durch keine Leidenschaft zu Fall zu kommen), von Gerechtigkeit durchdrungen bis in seine Tiefen; von ganzer Seele alles begrüßend, was geschieht und ihm widerfährt; er denkt auch nicht oft und nicht ohne starken Zwang (von seiten des Gemeinwohls) darüber nach, was denn ein anderer sagt oder tut oder denkt.
MA/24

Ideal eines besseren Mannes wäre es, unberührt von Falschheit und jeder Art Heuchelei und Üppigkeit und Dunkel aus dem Leben zu scheiden.
MA/122

Haßt mich jemand? Das ist seine Sache! Ich aber bin gütig und wohlgesinnt gegen jedermann und bereit, ebendiesem Menschen seinen Fehler zu zeigen, nicht mit Schelten, auch nicht, indem ich den Leuten zeige, daß ich das ertrage, sondern aufrichtig und voll Güte.
MA/159

Und sobald entweder die Natur mein Leben zurückfordern oder mein Entschluß es hingeben wird, so werde ich mit dem Zeugnisse abtreten, daß ich ein gutes Gewissen, edles Bestreben geliebt habe und daß niemandes Freiheit durch mich beschränkt worden sei, am wenigsten meine eigene.
S/40

Was ist Weisheit? Immer dasselbe wollen und nicht wollen.
S/211

Der ist über alle Notwendigkeit hinaus, hat ausgedient und ist frei, der mit dem Leben abgeschlossen hat.
S/218

Lang ist das Leben, wenn es vollständig ist, es wird aber vollständig, wenn die Seele sich ihr Gut wiedergegeben und die Herrschaft über sich selbst zu eigen gemacht hat.
S/255

Ich nehme den Weisen nicht aus der Zahl der Menschen heraus und behaupte nicht, daß er keinen Schmerz empfinde wie ein keiner Empfindung zugänglicher Felsen; es ist mir bewußt, daß er aus zwei Teilen zusammengesetzt ist: der eine ist vernunftlos, dieser wird gebissen, gebrannt, empfindet Schmerz; der andere ist vernünftig, dieser hat unerschütterliche Ansichten, ist unerschrocken und unbezwinglich.
S/237

Weg

Was aber liegt daran, wie bald du von da weggehst, von wo du doch einmal weggehen mußt.
S/255

Selbst-Erkenntnis

Untersuche einmal, wer du bist.
E/68

Denke nach, schau um dich, geh in dich, damit du erkennst, wer du bist.
E/84

Wenn derjenige ein Fremdling im Kosmos ist, der die Dinge in ihm nicht begreift, dann ist der ebenfalls ein Fremdling, der das Geschehende nicht versteht.
MA/41

Selbst-Bewußtsein

Verachtet mich jemand? Das ist seine Sache! Aber meine ist es, daß ich nicht dabei betroffen werde, daß ich etwas Verächtliches tue oder sage.
MA/159

Selbst-Akzeptanz

Der ist der glücklichste und sorgenfreieste Besitzer seiner selbst, der das Morgen ohne Unruhe erwartet.
S/205

Du mußt ein ganzer Mensch sein, entweder im Guten oder im Bösen.
E/37

Fügt der Spiegel einem Häßlichen Böses zu, weil er ihm zeigt, wie er aussieht?
E/73

Daher wird dir die Philosophie gewähren, was ich wenigstens für das Größte halte: du wirst nie Reue über dich selbst empfinden.
S/267

Selbst-Entwicklung

Eile daher zum Ziele; laß die eitlen Hoffnungen fahren und hilf dir selber – wenn dir dein Seelenheil lieb ist – solange es dir noch vergönnt ist.
MA/30

(Treib es) nicht, als wenn du tausend Jahre zu leben hättest! Dein Schicksal hängt schon über dir. Solange du lebst, solange du noch die Möglichkeit hast, werde gut!
MA/37

Ihre Landgüter lassen sie von niemandem in Besitz nehmen, und wenn nur der geringste Streit über die Grenzen sich er-

hebt, so laufen sie nach Steinen und Waffen; aber in ihr Leben lassen sie andere eingreifen, ja, sie führen sogar selbst diejenigen herbei, welche es in Beschlag nehmen werden.
S/92

Laß uns dahin trachten, daß die ganze Zeit unser sei; sie wird es aber nicht sein, wenn wir nicht zuvor unser eigen zu sein begonnen haben.
S/240

Was ist nun dein eigen? Deine Vorstellungen. Wenn du also bei dem Gebrauch deiner Vorstellungen dich naturgemäß verhältst, so magst du stolz sein. Denn dann wirst du stolz sein auf einen Vorzug, der dein eigen ist.
E/24

Wenn du in der Lebensweisheit fortschreiten willst, so laß Gedanken wie diese: wenn ich mich nicht um mein Vermögen kümmere, so werde ich nicht zu leben haben; wenn ich meinen Diener nicht züchtige, wird er ein Taugenichts werden. Es ist besser, ohne Furcht und Sorge zu hungern, als im Überfluß, aber ohne Ruhe der Seele zu leben.
E/26/27

Willst du in der Lebensweisheit fortschreiten, so merke weiter: rege dich nicht auf, wenn man dich im gewöhnlichen Leben für einfältig und unbeholfen hält.
E/27

Du mußt entweder dir selbst leben oder der Welt, entweder ein Philosoph sein oder ein Kind der Welt.
E/37

Du hast daher auch auf das bißchen Ruhm verzichtet. Was bleibt da überhaupt als wertvoll übrig? Ich glaube: gemäß der eigenen Natur tätig oder untätig zu sein, ein Ziel, auf das alle menschlichen Beschäftigungen und Künste hinstreben.
MA/70

Überhaupt nicht mehr darüber diskutieren, wie beschaffen der wahrhaft gute Mann sein muß, sondern selber einer sein!
MA/144

Nichts ergötzt mich an jenem Ausspruch mehr, als daß den Greisen Kindheit vorgeworfen wird. »Niemand«, sagt er, »geht anders aus dem Leben, als wie er geboren wurde.« Dies aber ist falsch: wir sterben schlechter, als wir geboren werden, und dies ist unser eigener Fehler, nicht der der Natur.
S/211

Dennoch haben sich viele Bekenner der Weisheit bisweilen durch die geringfügigsten Drohungen schrecken lassen. Hier ist der Fehler auf unserer Seite, da wir dasselbe von einem Anfänger wie von einem vollendeten Weisen fordern. Ich suche mich noch zur Befolgung von dem zu überreden, was ich lobe, habe mich aber noch nicht überredet, und selbst wenn ich mich überredet hätte, würde ich es noch nicht so in Bereitschaft getan und eingeübt haben, daß es sich für alle Fälle sogleich darböte.
S/238

erkennen

Bald klopft der Tod bei dir an, und noch immer bist du nicht schlicht und natürlich, nicht seelenruhig, nicht frei von Angst, durch äußere Dinge geschädigt zu werden, nicht freundlich gegen alle Menschen, und noch immer hast du nicht begriffen, daß Einsicht und gerechtes Handeln ein und dasselbe sind.
MA/44

Ob man den Lauf der Welt hundert Jahre lang beobachtet oder drei, das kommt auf eins hinaus.
MA/133

Wende dein Denken auf die Eigenschaft des ursächlichen Prinzips (eines Dinges) und betrachte es, nachdem du es in Gedanken von seinem Stoff getrennt hast. Dann mache dir auch die

Spanne der Zeit klar, die seiner Natur nach das Ding, das diese bestimmte Eigenschaft hat, höchstens existieren kann.
MA/129

erinnern

Und die Unendlichkeit der Vergangenheit und die Grenzenlosigkeit der Zukunft, in der alles verschwindet, sind uns stets ganz nahe.
MA/61

Alles dauert nur einen Tag, der Mensch, der sich erinnert, und das Ding, an das er sich erinnert.
MA/44

Gehe sie doch durch, ich bitte dich, und zähle sie auf, die Tage deines Lebens: du wirst sehen, daß nur sehr wenige und solche, die andere nicht mochten, dir selbst geblieben sind.
S/98

Der Zeitpunkt ist nah, wo du alles vergessen hast, und nahe der Zeitpunkt, wo alle dich vergessen haben.
MA/89

planen

Denk oft daran, wie rasch die Dinge und die Ereignisse an uns vorbeijagen und unmerklich entschwinden.
MA/61

Denk daran, wie lange du schon diese Dinge aufschiebst und wie oft du von den Göttern Fristen erhieltest, ohne sie zu benutzen.
MA/13

Teil sein

Nach Regen lechzt die Erde. Es lechzt der hehre Äther. Es lechzt der Kosmos danach, das zu tun, was immer geschehen soll. Ich sage daher zum Kosmos: Ich teile dein Verlangen.
MA/145

wundern

Wie lächerlich und weltfremd ist der, der sich über irgend etwas wundert, was im Leben vorkommt!
MA/173

konzentrieren

Sehr kurz und sorgenvoll dagegen ist das Leben derer, die das Vergangene vergessen, das Gegenwärtige vernachlässigen, das Zukünftige fürchten.
S/111

Die Gegenwart ist überaus kurz, und zwar so, daß sie manchem wie gar nichts vorkommt; denn stets ist sie im Laufe, sie fließt und stürzt dahin; sie hört eher auf, als sie kam, und sie duldet ebensowenig einen Stillstand als das Weltall oder die Gestirne, deren beständige und rastlose Bewegung niemals auf demselben Standpunkt verharrt. Dem Vielgeschäftigen gehört also bloß die Gegenwart, die so kurz ist, daß man sie nicht erfassen kann, und gerade sie entzieht sich den nach so vielen Seiten hin Zerstreuten.
S/103

distanzieren

Aber welch ein herrlicher Lohn erwartet uns, wenn wir uns von unseren Geschäften und den so fest haftenden Übeln losreißen!
S/243

lieben

Man muß ausschließlich das lieben, was einem selber widerfährt und vom Schicksal verhängt wird. Denn was wäre schicklicher?
MA/97

leisten

Macht es denn eine so große Freude, mitten in Geschäften zu sterben? Dies aber ist die Gesinnung der meisten; ihr Verlangen nach Anstrengung dauert länger als ihre Kraft dazu; sie ringen mit der Schwäche des Körpers; sie achten das Greisenalter in keiner anderen Hinsicht für lästig, als weil es sie von Geschäften entfernt.
S/117

freuen

Der grauen Haare und Runzeln wegen darfst du nicht glauben, daß einer lange gelebt habe; nicht lange gelebt hat er, sondern nur lange existiert.
S/99

leiden

Was untragbar ist, führt zu unserem Ende, was aber länger währt, ist erträglich.
MA/92

fürchten

Nimm den ersten besten Jüngling, Greis oder Mann, und du wirst ihn in gleicher Furcht vor dem Tode, in gleicher Unkenntnis des Lebens finden.
S/211

Fürwahr, besiege die Furcht vor dem Tode, und dann bringe Blitz und Donner, soviel du willst, und du wirst sehen: Stille und heiterer Himmel sind in deinem Innern.
E/77

siegen

Ich habe gesiegt? Du fragst: »Wen soll ich besiegt haben?« Nicht die Perser, noch die äußersten Stämme der Meder, noch was

von kriegerischen Völkern jenseits des Kaspischen Meeres wohnt, sondern die Habsucht, den Ehrgeiz, die Todesfurcht, die selbst über die Besieger der Völker siegt.
S/240

gewinnen

Jeder, der sagen kann: »Ich habe gelebt«, steht täglich zu seinem Gewinn auf.
S/205

fähig

Jene Lebendigkeit des Geistes, die der größten Unternehmungen fähig ist, wende von einem zwar ehrenvollen, aber zu einem glückseligen Leben sehr wenig geeigneten Dienste hinweg auf dich selbst und bedenke: du hast es von frühester Jugend an bei all deinem Studium der edlen Wissenschaften nicht darauf abgesehen, daß dir viele tausend Scheffel Getreide sicher anvertraut werden könnten; du hattest etwas Größeres und Höheres von dir hoffen lassen.
S/115

Entweder mußt du deine Seele ausbilden oder deine Eigenschaften für das äußere Leben.
E/37

vernünftig

Denn der Mensch ist ein mit Vernunft begabtes Wesen, und dieser Vorzug desselben wird vollkommen, wenn er den Zweck erfüllt, wozu er geboren wird. Was aber fordert diese Vernunft von ihm? Das Leichteste von der Welt: seiner Natur gemäß zu leben.
S/222

aufmerksam

Richte deine Aufmerksamkeit auf jedes einzelne Werk, das du verrichtest, und dann frage dich, ob etwa der Tod deshalb etwas Schreckliches ist, weil du das dann nicht mehr tun kannst.
MA/148

Sieh nach innen. Von keinem Dinge soll dir seine eigentümliche Beschaffenheit oder sein Wert entgehen.
MA/66

präsent

Das liegt im Wesen des vollkommenen Charakters, daß man jeden Tag als seinen letzten verbringt und weder tobt noch stumpf ist noch heuchelt.
MA/101

Du hast nur noch kurze Zeit zu leben.
MA/144

Als ob schon die Möglichkeit bestände, aus dem Leben zu scheiden, so muß man alles tun, reden und denken.
MA/16

bescheiden

Bescheiden empfangen, bereitwillig verzichten.
MA/111

glücklich

Zu einem so gediegenen Glücke, das kein Unwetter erschüttern kann, werden dich geschickt zusammengefügte Worte und eine sanft dahinfließende Rede nicht führen, sondern nur eine Seele, die ihre Haltung bewahrt, die groß, unbekümmert um die Meinungen und gerade um dessentwillen mit sich zufrieden ist, was andern mißfällt, indem sie ihren Fortschritt nach

dem Leben mißt und so viel zu wissen glaubt, daß sie nichts mehr wünscht und nichts mehr fürchtet.
S/267

weise

Alles, was du siehst, wird rasch vergehen, und die Menschen, die es vergehen sehen, werden ebenfalls rasch vergehen.
MA/131

Aber niemand sorgt dafür, daß er weise, sondern daß er lange lebe, während doch allen gelingen kann, weise, keinem jedoch, lange zu leben.
S/212

Tugend

Fürs erste wird die Tugend, auch wenn sie ein Vergnügen gewähren wird, doch nicht dessentwegen erstrebt: denn sie gewährt es nicht, sondern sie gewährt es mit, und sie bemüht sich nicht darum, sondern ihre Bemühung erreicht, obgleich sie etwas ganz anderes erstrebt, auch dieses mit. So wie auf dem Felde, das man für die Saat gepflügt hat, zwischen dieser auch manche Blumen mit aufwachsen und man doch nicht dieser Pflänzchen wegen so viel Mühe aufgewendet hat, sosehr sie auch das Auge ergötzen mögen, so ist auch das Vergnügen weder der Lohn noch der Beweggrund der Tugend, sondern eine Zugabe; weil es ergötzt, gefällt es; wenn es aber gefällt, so ergötzt es auch. Das höchste Gut liegt in dem Bewußtsein und dem Wesen einer edlen Seele, und wenn diese ihr Wesen vollendet und sich in ihre Sphäre eingeschlossen hat, so ist das höchste Gut erreicht, und sie will weiter nichts mehr.
S/28

Denn wenn auch das Bewußtsein der Verkehrtheit unseres Handelns schwindet, was gibt es dann noch für einen Grund zu leben?
MA/90

Gewohnheit

Die Gewohnheit bekommt zuerst Unterbrechungen, zuletzt hört sie ganz auf: heut war ich nicht traurig, morgen werde ich es auch nicht sein und so zwei, drei Monate fort; aber gib Obacht, wenn irgendwelche Versuchungen kommen.
E/75

Einsamkeit

Den Haß gegen das Weltgewühl wird die Einsamkeit heilen, den Überdruß an der Einsamkeit das Weltgewühl.
S/86

Sorgen

Der hat die Weisheit erfaßt, der ebenso sorglos stirbt, wie er geboren wird.
S/211/212

Entweder lebst du hier und hast dich bereits eingewöhnt, oder du gehst von dannen – und das hast du so gewollt –, oder du stirbst und hast ausgedient. Andere Möglichkeiten gibt es nicht. Sei daher guten Mutes!
MA/146

Der Weise wird alles bei sich selbst abwägen: wieviel er empfangen hat, von wem, wann, wo, auf welche Art.
S/247

Angst

Gerade wie du, wenn dir ein Gott gesagt hätte: »Du mußt morgen sterben, sicher aber übermorgen«, es nicht mehr für wichtig halten würdest, ob du morgen oder übermorgen stürbest – falls du nicht gänzlich minderwertig bist – denn wie gering ist der Unterschied! –, so mach dir auch klar, daß es keinen großen Unterschied macht, ob du in hundert Jahren stirbst oder morgen.
MA/46/47

Durch mühe- und unruhevolle Beweise ist deine Geistesstärke schon hinlänglich bewährt; mache nun die Probe, was sie in der Muße leiste.
S/114

Aufgaben

Denn nur seine eigenen Pflichten sucht er zu erfüllen, und er denkt dauernd über das nach, was ihm selber aus dem Allgeschehen beschieden wird; und jene Aufgaben bringt er zu schöner Erfüllung, während er davon überzeugt ist, daß dies gut ist.
MA/24

Rolle

Merke: du hast eine Rolle zu spielen in einem Schauspiel, das der Direktor bestimmt. Du mußt sie spielen, ob das Stück lang oder kurz ist. Gibt er dir die Rolle eines Bettlers, so mußt du diese dem Charakter der Rollen entsprechend durchführen; ebenso, wenn du einen Krüppel, einen Herrscher oder einen Philister spielen sollst.
E/29

Status-Symbole

Manche ordnen sogar noch an, was über das Leben hinausliegt, gewaltige Steinmassen von Grabmälern, Stiftungen öffentlicher Bauwerke, Fechterspiele an ihrem Scheiterhaufen und prunkvolle Leichenbegängnisse.
S/118

Besitz

Die Weisheit ist das vollendete Gut der menschlichen Seele; die Philosophie ist die Liebe zur Weisheit und das Streben nach ihr.
S/251

Hältst du aber nur das Deine für dein eigen und Fremdes für

fremd, so wird nie jemand dich zwingen, nie jemand dich hindern, du wirst nie jemand Vorwürfe machen, nie jemand schelten, nie etwas wider Willen tun. Niemand wird dir schaden, denn du wirst keinen Feind haben – nichts kann dir schaden.
E/21

Image

Einfach und bescheiden ist das Werk der Philosophie; verführe mich nicht zu prahlerischem Schein.
MA/130

Wenn anders du nun wirklich erkannt hast, wo die Wahrheit liegt, dann laß die Sorge darum, was du scheinen wirst, fahren, und sei zufrieden, wenn du den Rest deines Lebens, wie lang oder kurz er auch sein mag, so lebst, wie es deine Natur will.
MA/103

PR

Welche Gemütsruhe gewinnt der Mann, der sich nicht darum kümmert, was der andere sagt, tut oder denkt, sondern nur darum, was er selber tut, damit gerade dies gerecht und gottgefällig ist.
MA/37

Macht

Eins steht in unserer Gewalt, ein anderes nicht. In unserer Gewalt steht unser Denken, unser Tun, unser Begehren, unser Meiden – alles, was von uns selber kommt. Nicht in unserer Gewalt steht unser Leib, unsere Habe, unser Ansehen, unsere äußere Stellung – alles, was nicht von uns selber kommt.

Was in unserer Gewalt steht, ist von Natur frei, es kann nicht gehindert und nicht gehemmt werden. Was nicht in unserer Gewalt steht, ist hinfällig, abhängig, steht in fremder Hand und kann gehindert werden.
E/21

Rücktritt

Das Gesetz hebt vom fünfzigsten Jahre an niemanden mehr zum Soldaten aus, ernennt vom sechzigsten an niemanden mehr zum Senator, schwerer aber als vom Gesetz erlangen die Leute von sich selbst müßige Zeit.
S/117/118

Ruhm

Niemand ist so begnadet, daß nicht an seinem Sterbebett einige Leute säßen, die seinen Tod begrüßten.
MA/151

Nachruhm

Wer sich um seinen Nachruhm Sorge macht, bedenkt nicht, daß alle Menschen, die sich (nach seinem Tode) noch seiner erinnern, in kürzester Frist selber sterben werden.
MA/38

Winzig auch der längste Nachruhm, der obendrein nur auf der Überlieferung von Menschlein beruht, die schon morgen sterben werden und sich nicht einmal selber kennen, geschweige denn einen Mann, der schon lange tot ist.
MA/28

Prüflisten und strategische Skizzen

Prüfliste Fakten und Vorstellungen

1. Worum es geht:
(Sachlich bezeichnet, beschrieben.)

2. Was weiß ich darüber?
(Was mir sachlich, fachlich, informativ bekannt ist.)

3. Was empfinde ich dabei?
(Was ich fühle, spüre, höre, sehe, schmecke.)

4. Was stelle ich mir dazu vor?
(Was ich hoffe, befürchte.)

5. Was bedeutet es also für mich?
(Sachlich, funktionell und bezüglich meiner Empfindungen und Gefühle.)

6. Wer gehört dazu?
(Wer wesentlich einbezogen, betroffen ist.)

7. Was bedeutet es für die anderen?
(Wissen darüber und Vermutungen, die zu überprüfen sind.)

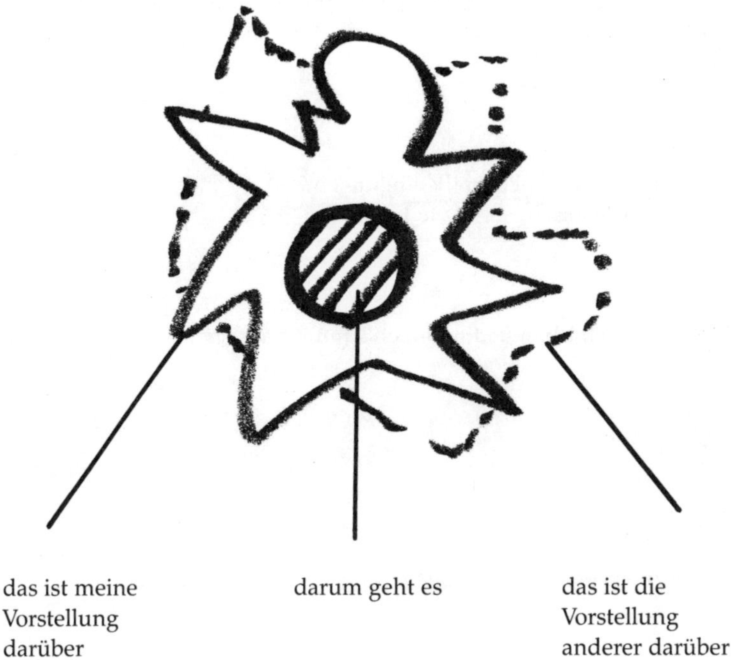
das ist meine Vorstellung darüber
darum geht es
das ist die Vorstellung anderer darüber

Prüfliste Bedingungen und Freiheit

1. Welche sachlichen Bedingungen bestimmen mein Handlungsfeld? (Gesetze, Ordnungen, Voraussetzungen legaler, physikalischer, organisatorischer Art etc.)

2. Welche nicht-sachlichen Bedingungen? (Psychisch, seelisch, sozial etc.)

3. Welche sachlichen Bedingungen kann ich ändern?

4. Wie?

5. Welche nicht-sachlichen Bedingungen kann ich ändern?

6. Wie?

7. Welche Bedingungen akzeptiere ich also?

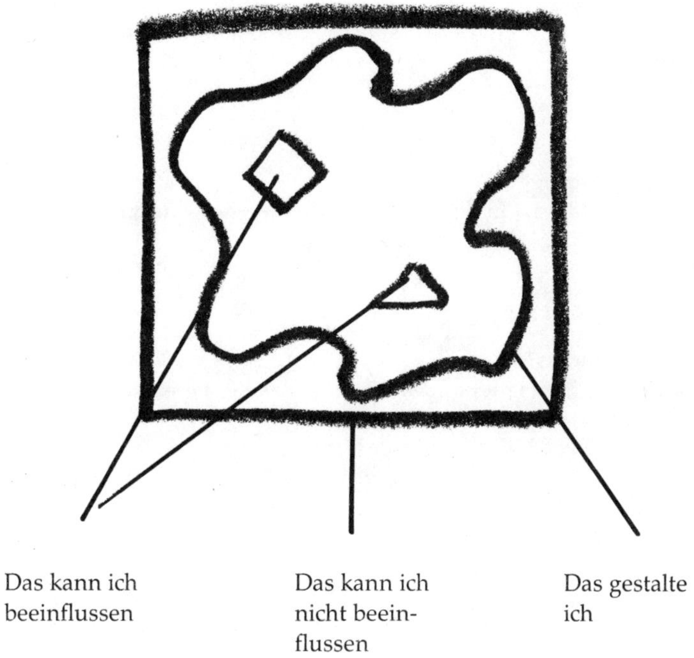
Das kann ich beeinflussen
Das kann ich nicht beeinflussen
Das gestalte ich

Prüfliste Anregung oder Abwehr

1. Bin ich offen?
(Zuhören, zusehen, erkunden, spüren, Urteil aufschieben, neugierig sein etc.)

2. Werde ich angeregt?
(Ideen, Vorschläge, Erweiterungen, Wandelndes, Respektierendes etc.)

3. Lerne ich daraus?
(Verbesserung der Haltung, des Wissens, des Könnens, der Übersicht etc.)

4. Bestätige ich die Anregung?
(Dank, Lob, Nachfrage etc.)

5. Werde ich angegriffen?
(Fragen 2-4 warum verneint.)

6. Wo greift mich das an?
(Materiell, physisch, Bedeutung, Haltung, Scham etc.)

7. Wie entscheide ich mich?
(Wie ich den Kampf gewinnen könnte oder warum ich ihm ausweiche.)

Anregung oder Abwehr

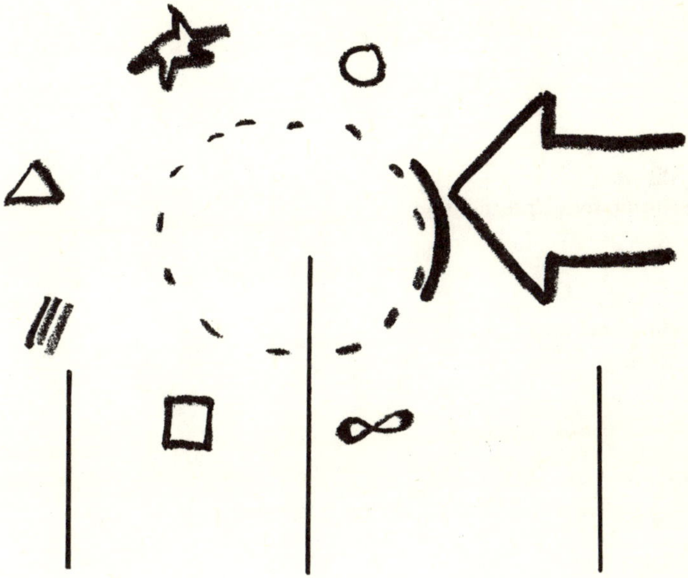

Annahme der Anregung

offene Haltung

Abwehr des Angriffs

Prüfliste Kampf oder Kompromiß

1. Worum soll gekämpft werden?
(Sache, Idee, Ziel etc.)

2. Mit was?
(Institutionen, Unternehmen etc.)

3. Mit wem?
(Personen)

4. Worum geht es den anderen?
(Ideen, Ideologien, Markt, Gewinn, Status etc.)

5. Wie sind deren Mittel?
(Ressourcen, direkte und indirekte Potentiale, Ambitionen, Ängste etc.)

6. Wofür und mit was könnte ich kämpfen?

7. Warum könnte ich gewinnen?

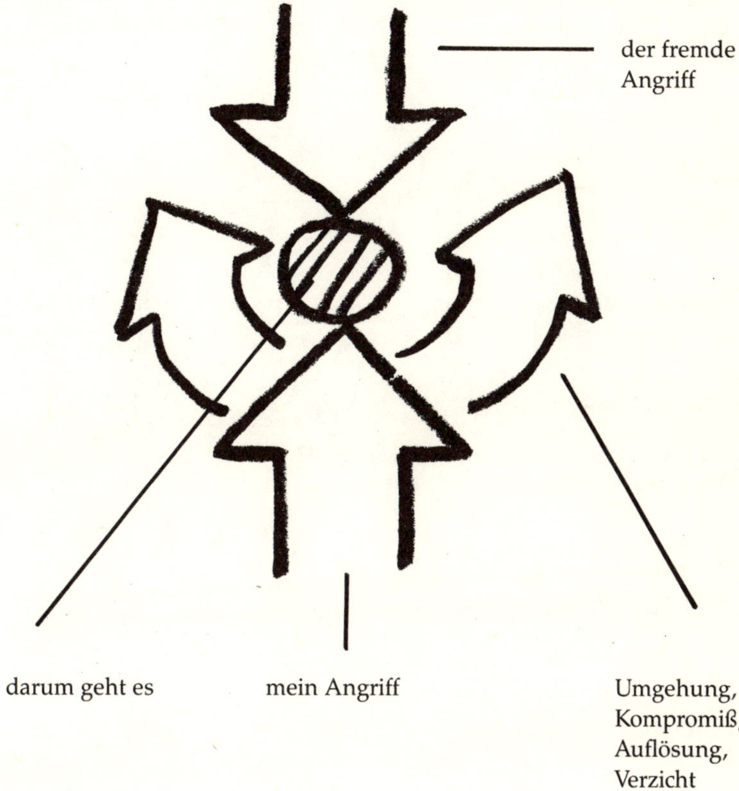
der fremde Angriff
darum geht es
mein Angriff
Umgehung,
Kompromiß,
Auflösung,
Verzicht

Prüfliste dienend oder Diener

1. Zu was gehöre ich?
(Familie, Staat, Unternehmen, Organisation, Gruppe etc.)

2. Welche Zwecke und Ziele teile ich?

3. Welche Werte teile ich?
(Ideen, Hoffnungen, Haltungen, Gebote, physische und psychische Werte.)

4. Gehöre ich also zu einer Gemeinschaft?
(Wie sie empfunden wird.)

5. Welche Aufgaben sind dringend und wesentlich?

6. Welche übernehme ich?

7. Wie erreiche ich die Ziele?

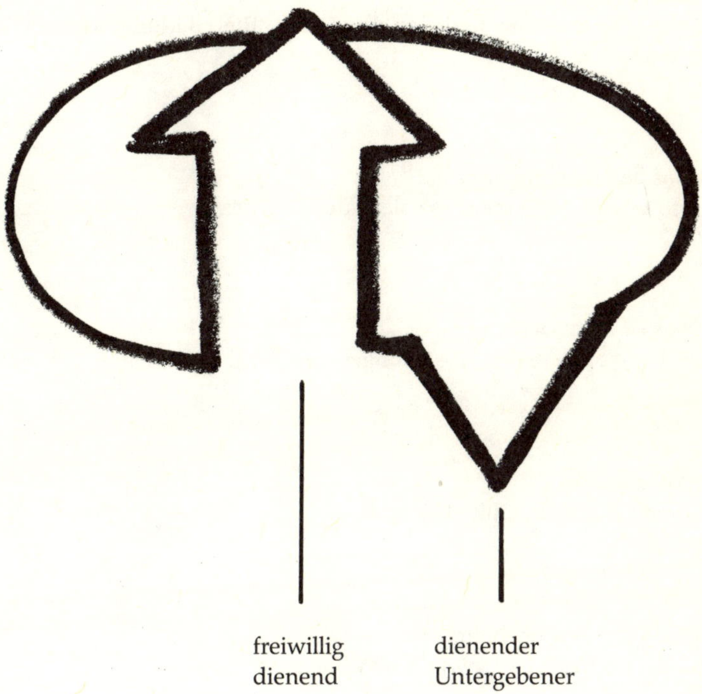
freiwillig dienend
dienender Untergebener

Prüfliste besitzend oder besesssen

1. Was besitze ich?
(Materielles und Immaterielles, wie Status, Titel, Bildung, Ideen, Wissen etc.)

2. Was bedeutet dieser Besitz?
(Hoffnungen, Sicherheit, soziale Bedeutung etc.)

3. Was ist er tatsächlich?
(Das Ding ohne meine Vorstellungen darüber.)

4. Wie sicher ist er?
(Dauer, Garantien, Gültigkeit etc.)

5. Wie kann er vergehen?
(durch Personen, Ereignisse, Umstände etc.)

6. Wie muß ich ihn schützen?
(Sicherheitsmaßnahmen, Pflege etc.)

7. Was fordert mein Besitz von mir?

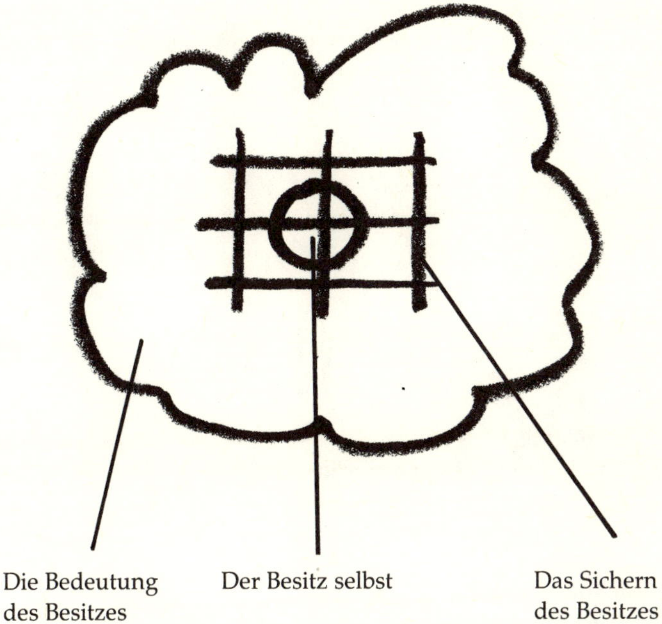
Die Bedeutung des Besitzes
Der Besitz selbst
Das Sichern des Besitzes

Prüfliste Erfolg oder Mißerfolg

1. Was sind meine Ziele?
(Materiell und immateriell, zeitlich, örtlich, bezüglich Personen, Situationen etc.)

2. Was wäre ein Erfolg?

3. Warum?

4. Was wäre ein Mißerfolg?
(Was wäre dann nicht erreicht bezüglich 1.)

5. Was wäre der Schaden?
(Materiell und immateriell, insbesondere bezüglich meiner Selbstvorstellungen etc.)

6. Was wäre der Gewinn?
(Was zu lernen wäre, nicht mehr nötig etc.)

7. Welche Chance wäre dieses Ergebnis?

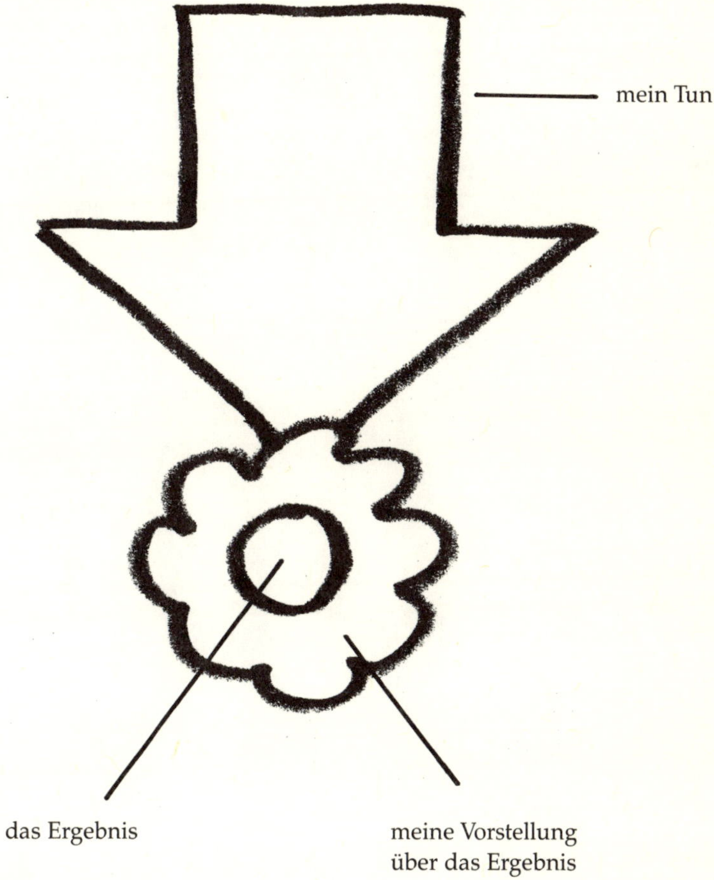
mein Tun
das Ergebnis
meine Vorstellung
über das Ergebnis

Stichwortregister